KB073964

바젤3 모멘트

바젤3 모멘트
BASEL Ⅲ MOMENT

바 젤 3 첫 번 째 이 야 기

박홍기 지음

2017년 이후 시청자들 덕분에 소중한 시간을 보낼 수 있었다.

그리고 늘 같은 시간을 보내는

내 삶의 가장 소중한 친구들로 존재하고 있음을 부정할 수 없다.

늘 멀리 있지만 소중하게 여기는 분들에게 이 책을 바친다.

참고로, 2017년 경제시각을 기준으로 하였다.

언제나 소중한 시간을 공유한 친구들에게 감사함을 전하며.

BASEL III MOMENT

목 차

1부	서설: 2018년 한국은 왜 경제 위기에 직면하는가	— 011
2부	바젤3: 가계와 기업(2018-2020)	— 025
3부	바젤3: IFRS-9 도입과 은행	— 093
4부	보험, IFRS4-2(17) 단계 충격(2020-2022)	— 147
5부	바젤3와 부동산 공급 과잉 민스키 모멘트 재앙	— 163
부록 1	금융 시스템 이해 및 신BIS 협약	— 225
부록 2	참고 자료 및 관련 사이트	— 257
	용어 설명	— 266
	기타 참고 자료	— 287

1부 서설

2018년 한국은 왜
경제 위기에 직면하는가

90년대 IT 버블은 네이버와 다음이라는 인터넷 생태계를, 2000년대 벤처 버블은 넥슨과 엔씨소프트 같은 게임 산업 구조를 만들어 냈다. 이러한 버블이 지나간 자리에는 후유증도 있었지만, 게임 산업이든 IT 산업이든 어떤 식으로든 기업의 창업과 도전이라는 과제를 던졌다. 벤처기업 육성에 관한 특별조치법에 근거하여 한국의 소프트웨어 기업 시장은 제조업 기반의 XLM(물류) 및 B2B(기업 간 거래), B2C(기업과 개인 간 거래)에서 큰 혁신을 이루었다. 그것은 사회 전반에 있어 다양성과 효율 및 편의의 증대는 물론, 문화와 다양성에도 기여했다.

1998년, 우리가 겪은 경제 위기는 한국 경제가 한번 더 도약하는

계기가 되었다. 토목과 건설 분야뿐만 아니라 전반적인 기업 간 거래
와 물류에 있어 효율을 증대시켜, 물류비 절감 및 기업의 리스트럭처
링(Restructuring: 기업 내부 혁신을 통한 인적 물적 전사적 자원관리 통합과 구조
조정을 지칭)을 통하여 생산성 향상에 기여하였던 것이다.

그러나 2000년 이후 한국의 정부가 추진한 5대 정책 사업(훈넷-스마
트시티-4대강 사업-자원외교 사업-스마트그리드-제주도 실증 사업)같은 정책과
지원책은 수익적 모델로서는 아무런 성과 없이 끝이 났다. 이러한 정
책적 실패는 여기에 투입된 10년 이상의 시간과 수십조 원의 사회적
비용의 낭비를 불러왔다. 그리고 그러한 실패는 서서히 다가오는 거
대한 위기의 순간인 지금 우리의 목을 죄어 오고 있다.

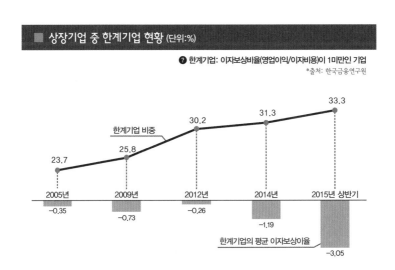

■ 상장기업 중 한계기업 현황 (단위:%)

❓ 한계기업: 이자보상비율(영업이익/이자비용)이 1미만인 기업
*출처: 한국금융연구원

한계기업 비중

33.3
31.3
30.2
25.8
23.7

2005년   2009년   2012년   2014년   2015년 상반기
-0.35   -0.26
       -0.73
                        -1.19
한계기업의 평균 이자보상이율
                                      -3.05

제4차 산업화(Industry 4.0)와 거의 같은 시기 일어나는 신금융 혁신 시스템을 목전에 두고 황금 같은 준비 기간 동안 국가는 도대체 무엇을 해 왔는가? 민주정치가 타락하면 중우정치가 온다는 아리스토텔레스 말처럼, 지금의 위기가 중우정치에 따른 정책 실패와 기득권의 적폐에 기인하고 있다면 너무 큰 비약일까?

정부가 추진한 정책들의 방향은 새로운 기업의 성장과 실패를 통한 새로운 일자리 창출 그리고 산업적 혁신과는 거리가 멀었다. 그것은 자생적 산업 자본 축적이 불가능한 방향으로 추진되었다. 그런 10년간 기업의 육성 전략이 계속된 실패로 점철되어 우리는 새로운 성장의 돌파구를 마련조차 하지 못했다. 게다가 미래 성장자산의 대대적인 투입은 엄청난 국가자산의 낭비라는 결과만을 낳았다.

이명박 정권 5년은 기업 구조조정을 통한 생산성 향상이 아닌 금융 시장의 양적완화, 고환율 정책 같은 임시 단편적 대응으로 수출 대기업에만 내수와 수출 독점의 기회를 부여하였다. 그러는 동안 기업 구조조정은 계속 지연되었으며, 선진적인 금융 시스템 적용은 연기되어 OECD 가맹국으로서의 기업 IFRS와 금융 바젤3의 여파에 대한 대비는 등한시되어 지금에 이르게 되었다. 결국 수출 대기업을 비롯한 국내 기존 시장 기득권 봐주기 지원이 이번 비극의 원인이 된 것이다.

No	대기업 집단	동일인	2012 자산총액	2008 자산총액	증가율	2007 자산총액	2003 자산총액	증가율
1	삼성	이건희	255,704	144,449	77.0%	129,078	83,492	54.6%
2	현대자동차	정몽구	154,659	73,987	190.0%	66,225	44,060	50.3%
3	SK	최태원	136,474	71,998	89.0%	60,376	47,463	27.2%
4	LG	구본무	100,777	57,136	76.4%	52,371	58,571	-10.6%
5	롯데	신격호	83,305	43,679	90.7%	40,208	20,741	93.9%
6	포스코	㈜포스코	80,618	38,496	109.4%	32,661	20,533	59.1%
7	현대중공업	정몽준	55,771	30,058	85.5%	20,573	12,379	66.2%
8	GS	허창수	51,388	31,051	65.5%	25,136	-	
9	한진	조양호	37,494	26,299	42.6%	22,224	21,041	5.6%
10	한화	김승연	34,263	20,627	66.1%	18,046	14,321	26.0%
11	KT	㈜케이티	32,165	27,073	18.8%	27,530	30,815	-10.7%
12	두산	박용곤	29,915	17,033	75.6%	14,442	8,452	70.9%
13	STX	강덕수	24,321	10,912	122.9%	5,878	-	
14	CJ	이재현	22,922	10,258	123.5%	8,423	4,538	85.6%
15	LS	구태회	19,316	9,562	102.0%	9,852	-	
16	금호아시아나	박삼구	19,099	26,667	-28.4%	22,873	9,698	135.9%
17	신세계	이명희	17,532	10,707	63.7%	9,863	4,689	110.3%
18	대우조선해양	대우조선	16,665	8,652	92.6%	6,137	3,559	72.4%
19	동부	김준기	15,684	9,503	65.0%	8,748	7,332	19.3%
20	대림	이준용	14,761	9,014	63.8%	7,515	4,603	63.3%
			1,202,833	677,161	77.6%	553,171	396,287	39.6%

1988년 3저 호황에 힘입은 5대 신도시 토목 건설은 부동산과 토목
으로 내수를 진작하는 방향으로 추진되었다. 그렇게 기업 구조조정

을 등한시한 것이 1998년 IMF 위기의 한 원인이 되었다. 그러나 대다수 국민들은 드라마의 향수처럼 그때처럼 살기 좋았던 시절은 없었다고 한다. 그런 향수의 원인은 당시 경제적 중산층의 비약적인 확대 때문이었다. 그러나 지금의 현실은 중산층이 급감하여 하층민이 대폭 늘어났고, 이로 인한 사회갈등 때문에 사회적 시스템 붕괴마저 우려할 만한 환경으로 진행되고 있다.

그런 하나하나의 비수렴함정(Non-convergence trap)이 바로 2018년 경제 재앙으로 가는 축적된 시간표가 되었다. 이 비극의 희생양은 누가 뭐라 하여도 대다수의 평범한 국민이다. 미래 세대가 떠안고 가야 할 그 비극적 시간은 서서히 우리 앞에 민낯을 드러내고 있다. 부채는 국민에게, 자산은 재벌가에게 편중된 희한한 경제구조를 만들어 왔기에, 2018~2022년 수출 및 내수 제조대기업의 구조조정 기간 동안 엄청난 사회적 부채를 대다수 국민이 감당해야 할 것이다.

국제적 회계기준인 IFRS 적용은 신금융 시스템 적용으로 내수 침체를 불러와 금융 통폐합으로 진행될 것이다. 이러한 제조업과 금융 부문에서의 강제적인 구조조정으로 거리에 쏟아질 실업자는 상상을 초월할 것이다. 일례로 한국의 안전에 관계된 직종에 종사하는 근로자는 선진국 수렴성에 비하여 비정규직이 90%를 담당하고 있다.

한국은 엄밀하게 말하면 이중적인 모순 계급사회이다. 대기업은 하청을 고용하며 책임을 회피하고, 하청은 비정규직을 고용하며 책임을 떠넘기는 구조이다. 대기업이 수익의 안전성과 이익을 취하는 이러한 구조는 '위험의 사회화와 이익의 사유화' 과정을 수반하여 사회적 갈등과 모순을 증폭시킨다. 이번에 바뀌게 될 정량적 시스템 평가에서 모든 경제 주체들에게 공정성을 주문할 경우, 과연 과거에는 그들이 공정한 게임을 해 왔는지 되물어 보고 싶다.

이번 바젤3 모멘트의 위기가 몰고 온 파고의 핵심은 '이익의 사유화와 위험의 사회화' 시스템 안에서 과연 공정성 평가를 통해 이 계층에게 또 다시 희망 없는 희생과 퇴출을 강요할 수 있는가이다. 불공정한 게임 속에서 어느 날 갑자기 신금융 시스템을 시행하여 "국제화 과정으로서 공정성을 평가하는 것이므로 경쟁력이 없으니 시장에서 퇴출하라. 희생을 감수하라."라고 했을 경우, 과연 실업, 기업 부도, 자살로 내몰릴 90% 중에서 5~10%의 퇴출 계층이 순순히 이를 받아들일지는 의문이다.

그리고 문제는 과연 이 시스템이 주장대로 작동할 것인가이다. 시스템은 2018년 1월 1일 이후부터 작동하는데, 2017년 DSR 시행(담보+신용=실질 상환 종합능력 평가)부터 실질적으로 시행되는 것이다. 우리는 감당할 비수렴성 정도를 이미 지나고 있어, 파국은 당연한 일이다. 거대한 실업자 발생 시 막대한 재정적자를 지고 있는 현 정부의 대책은 아마 전무할 것이다.

정부는 많은 이들이 지적한 전기 자동차, 중소 대규모 모바일 생태계, 제조 로봇산업, 선진국의 안전경영 시스템 정착 같은 수렴성을 모두 외면하였다. 반대로 관치금융으로 회귀하여 4대강 사업과 자원외교 같은 단기적인 성과에 치중한 나머지, 1998년 이후 축적해 온 자산을 지난 10년간 완전히 소진해 버렸다. 정부 지원금은 눈먼 돈으로 인식되어 그들에게 이용되었을 뿐, 국가적 차원에서 미래 경제 생태계와 변화하는 금융 생태계에 대한 구체적인 대안과 대책은 전무하다.

고환율 수출 대기업 지원은 구조조정 지연 위한 것, '위험의 사회화 이익의 사유화' 갈등과 모순 증폭

국민은 고물가와 세금 인상, 부채 상승 같은 고통에 시달리는 반면, 대기업은 수출 위주의 성장 정책과 '낙수 효과' 정책을 통하여 손쉽게 큰 수익을 가져올 수 있었다. 그러나 수출 대기업은 그렇게 벌어들인 수익을 오히려 해외공장 이전 같은 방식으로 기업의 자산과 하부 생태계를 해외로 이주하는 행태를 보였다. 이명박 정권이 낙수 효과 이론으로 입안한 대표적인 정책들은 다음과 같다.

- 부유층 고가주택 양도세 인하
- 금산분리 완화 및 출총제 폐지
- 비은행지주회사설립
- 종합부동산세 완화
- 소득세 인하(세금 관련)
- 상속세 인하
- 법인세 인하
- 특소세 인하
- 양도세 완화
- 저소득층 각종 세금 감면 제도 철폐
- 각종 기업 규제 철폐(대기업의 중소기업 노예화)
- 노동시장 유연제
- 뉴타운 추가 지정 및 조기 추진(땅 투기꾼들을 위한 제도)
- 중소기업 하도급 거래 감시 완화
- 신혼부부 주택 공급 공약 전면적 재검토
- 주택 지분소유제 추진

- 기업 금산분리 단계적 철폐
- 기업 세무조사 대폭 축소
- 금융위원회 신설 추진(관치금융 부활)

2008년 금융 위기 이후 관치금융의 부활은 2010년에서 2012년 고환율에 의한 수출 대기업 호황을 불러왔으나, 2014년 이후(건국 이후 최초 제조업 -1.6% 성장, 외환 위기 때보다 부진) 불황으로 진입하고 있다. 수출 대기업의 호황 시 적절한 구조조정 시점을 놓친 것은 앞으로의 문제를 더욱 어렵게 만들었다. 정부는 국민의 세금으로 대기업의 고환율을 조장함으로써 국민에게는 물가폭등이라는 고통을, 근로자에게는 세금 인상이라는 폭탄을 안겼다. 그리고 수출 제조업의 구조조정 기간을 놓치게 되어 엄청난 재앙의 시초를 제공했다.

정부는 새로운 성장 동력 마련을 통한 장기적 일자리 창출보다는 1940년대 미국식 모델인 대기업 재벌의 토목과 건설 부양에 막대한 재정을 쏟아부었다. 그 결과 국민의 실질 부채 증가율은 자산 상승 대비 1.8배, 기업의 부채 증가 속도는 자산 상승 대비 2.2배, 국가의 부채 증가의 속도는 자산 상승 대비 3.5배로 늘어났다. 이 부채는 장기적으로 우리 경제 회복을 불가능하게 만들고 있다.

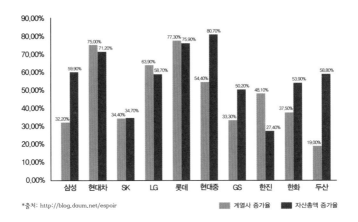

10대 기업 계열사/자산 증가율 (최근 3년간)

*출처: http://blog.daum.net/espoir

계열사 증가율　자산총액 증가율

당장 2017년부터 국내 내수 중소기업 및 대기업에서 대규모 실업자가 양산되고, 2018년 금융 부문의 통폐합으로 끊임없는 국가 재정 소모를 야기할 것이다. 특히 국가 정책적 육성 사업인 미래 먹거리 사업과 새로운 기업 생태계가 없는 환경은 2018년 한국경제의 비수렴성과 계급 간 갈등을 증폭시키는 악재로 작용할 것이다. 이로 인해 현재 한 해 최대 180조 원으로 추정되는 사회적 갈등 비용이 약 250조 원 이상으로 증가할 것으로 추측된다.

2018년 이후 먹거리 사업의 부재가 가장 큰 문제,
대기업 워크아웃 지원은 국민적 합의 어려울 것

현재 국가 경제의 3요소(가계-기업-국가)의 부채 증가를 보면, IMF 때와는 달리 약 4,000억 달러인 외환 보유금으로 국가의 단기외채 지불은 감당할 수 있을 것이다. 그러나 국내의 극심한 내수침체가 또 다른 현상으로 작용할 것이다. 1998년 경제 위기가 금융 위기였다면, 20년 만에 찾아오는 경제 위기는 국내 제조업 생태계의 붕괴 현상을 가져올 것이다. 그리고 그것은 2017년부터는 실업 증가와 해외 물가 상승으로 스테그플레이션으로 나타날 것이며, 2018년에는 극심한 내수침체와 구조조정으로 디스인플레로, 2019년에는 일부 흑자 도산으로 오는 디플레이션이 나타날 것으로 예측된다.

기업이 법정관리, 즉 워크아웃을 하면 정부가 국민 혈세로 살려 놓은 금호산업의 경우처럼 관치가 재연될 가능성이 높다. 결국 재벌가 경영권을 찾아오는 모순이 개선되지 않는다면 파국에 있어 국민적인 합의를 이끌어 내기 힘들 것이다. 워크아웃에 대한 정치권의 합리적인 법 개정이 먼저 선행되어야 한다는 것이다. 특히 전경련 산하 특정 경제연구소가 IMF 당시 재벌을 지원하는 방식으로 여론을 조성한 방식은 문제가 크다. 그런 방식은 1998년 이후의 학습 효과로 인하여 국민적인 공감대를 이끌어 내기 힘들 것이다.

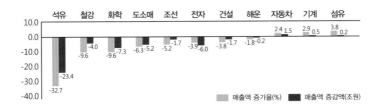

자살자는 1998년 이후 2008년까지 10년간 2배가 증가하였는데, 2018년 이후 자살자 증가는 실업자 증가를 통하여 추측하건대, 아마도 근현대 100년 중 최대폭이 되지 않을까 싶다. 이대로 가면 거리 어디를 가나 쏟아지는 실업자로 넘칠 것이다. 선제적인 대규모 구조 조정과 미래 사업에 대한 합리적인 경제 생태계 마련, 금융 생태계 조성의 시기를 이미 놓친 상태이다. 대한민국의 2018년은 경제적인 재앙으로 들어가는 라비타코미디즘(단테의 신곡을 지칭)의 시기일 뿐이다.

우리가 해야 할 것은 다가오는 경제적인 폭풍의 원인을 파악하고 그 여파에 대비하여 2018~2022년의 고동의 기간을 무사히 지나가도록 하는 것 말고는 없다.

BASEL Ⅲ MOMENT

가계와 기업
(2018~2022)

바젤3는 BIS비율을 바젤Ⅱ 14.30% → 바젤Ⅲ 14.52%로 올리는 것이 주요 골자로, 자본 및 유동성 규제 기준(rule text)이 중심이 되는 체제이다.

2008년 금융 위기 재발을 방지하기 위해 G20 및 금융안정위원회(FSB, Financial Stability Board)에서 제안한 글로벌 금융 규제로서, 주요 사항의 구성을 요약하면 다음과 같다. 금융 시스템의 건전성 규제 강화(공정성 가치평가체계) 그리고 시스템적으로 중요 금융회사들에 대한 규제 강화 등이다.

국내의 경우 D-SIB, 장외파생상품 규제 강화, 신용평가사 규제 강화, 보상체계 개선 등 금융 시스템의 정량적 평가 시스템을 도입함으로써, 금융 시장의 건전성과 투명성 제고를 통한 장기적인 시장 안정을 추구하겠다는 것이다.

즉, 현재 손실부분의 부실처리에서 미래의 부실까지 예측해서 대손충당금을 적립하는 등 은행 건전성과 안정성을 최우선 가치로 두는 것이다.[1]

구분			14년	15년	16년	17년	18년 이후
자기자본규제제도	Pillar 1 (양적규제)	금리리스크 신뢰수준 상향	시행				
		상관계수 정교화	시행				
		연결 RBC 제도	시범운영	시행	단기		
		변액보증리스크 해지효과	(방안수립)	시행			
		신용 리스크 신뢰수준 상향		단계적시행			
		운영 리스크 산출방식 정교화		(방안수립)	시행		
		자율적 자본확충 인센티브 제도		(방안수립)	시행		
		보험부채 듀레이션 확대		(방안수립)	단계적시행		
		장수리스크 도입		(방안수립)			시행
		내부모형 승인제도		(방안수립)	시범운영		시행
	Pillar 2 (질적규제)	자체위험 지급 여력 평가제도		시범운영		시행	
	Pillar 3 (시장공시)	재무건정성 공시 개선	(방안수립)	시행			

---

1 BIS비율을 8%로 유지하되, 이를 구성하는 세 가지 비율 Tier1, Tier2, Tier3에 변화가 생겼다. 바젤Ⅱ에서는 보통주 자기자본비율을 2% 이상, 기본자본(Tier1)비율은 4% 이상으로 정했으나 바젤Ⅲ는 BIS비율 기준은 그대로 두고 보통주 자기자본비율을 4.5% 이상, Tier1 비율을 6% 이상으로 강화하였다. 이는 후순위채권처럼 순수한 자기자본으로 보기 어려운 자본의 비중을 축소하는 대신 보통주처럼 직접 손실을 흡수할 수 있는 성격을 가진 자본을 많이 확보하도록 하기 위해서 개정하였다.

보험부채평가제도	IFRS4 2단계 도입	도입준비				시행
	책임준비금적정성 평가제도(LAT) 개선	단계적시행				폐지
	IBNR 제도 개선	단계적시행				
	변액보증준비금제도 개선	(방안수립)	시행			

출처: 금융위원회

　이러한 은행 안정성, 대출 위험성 평가의 정량성을 위해 바젤3가 시행되는데, 필라2, 필라3가 2017년까지 도입되고, 베일인(Bail-in) 제도는 2017년 말쯤 도입될 예정이다. 정량적인 평가를 돕기 위하여 2018년 1월 1일 전 금융권에 시행하는 IFRS-9은, 바젤3의 유동성커버리지비율의 중장기 유동성 기준인 순안정조달비율(NFSR: Net Stable Funding Ratio)도 2018년 같은 해에 도입하게 함으로써, 2019년부터는 시스템 안착과 완전 적용을 이루게 된다. 유동성 규제기준은 단기유동성 지표인 유동성커버리지비율(LCR), 중장기유동성지표인 순안정조달비율(NSFR) 두 가지로 다음과 같다.[2]

　　• **유동성커버리지비율**(LCR)=고유동자산 보유 규모÷향후 30일간

2　바젤Ⅲ에서는 Tier1(기본자본) Tier2(보완자본) 보통주를 제외한 모든 자본증권은 은행이 독자적인 생존 불가능 상황(trigger에 처할 경우 공적자금 투입 이전에 상각 또는 보통주로 전환되는 생존 불가능 시점의 조건이 부가되어야 자기자본 기타 Tier1 또는Tier2)으로 인정받을 수 있다고 규정하고 있다. 회계상 부채로 분류되는 신종 자본증권이 기타 Tier1으로 인정받기 위해서는 기본 조건에 더하여 위기 발생 초기 단계(보통주 자본비율이 일정 수준 이하로 낮아지는 경우) 등에 보통주 전환 또는 상각되는 계속기업시점의 조건이 준수되어야 한다.

　　　　　　　　　　　　　　　　　　　　　바젤3 모멘트(BASELⅢ MOMENT)

순현금 유출액×100%

- **순안정조달비율**(NSFR)=가용안정적 자금조달액÷필요안정적 자금조달액×100%

1) 가용안정적 자금조달액: 스트레스 상황 지속 시 1년 동안 신뢰할 수 있는 자금

ex) 자본, 만기 1년 이상 우선주, 잔존만기 1년 이상 부채 등

2) 필요안정적 자금조달액: 특정자산이 1년 동안 지속되는 스트레스 상황에서 판매 또는 담보부 차입 등에 의해 현금화가 될 수 없는 부분 추산

ex) 금(자산가액×가중치 0.5), 중기대출(대출잔액×가중치 0.85)

IFRS-9시행, 개인신용등급 하락, 은행 대손충당금 증가

결론적으로 2018년 IFRS-9 시행 후 중소기업에 대한 대출 거절이 폭증하고, 개인 신용등급이 하락할 것이다. 그리고 기존 주택담보대출과 기업담보 대출이 공정성 평가 체제에 의하여 평가되기 때문에

은행 대손충당금 적립은 지금보다 25~30% 이상 증가될 것이다. 문제는 국내 은행이 국책 은행과 지방 은행으로 나누어져 있어 충격이 양분될 가능성이 크다는 것이다. 게다가 2017년부터 바젤3, 필라2, 필라3가 본격적으로 도입된다. 바젤3 평균 은행 BIS는 14.75%로, 주요 5대 은행과 이외 은행(인터넷 은행만 2019년 시행)에 시행되는데, 핵심은 아마도 2018년 1월 1일 이후의 은행회계인 IFRS-9이 될 가능성이 높다. 바젤3가 은행에 전면적으로 도입되면 시스템적으로 은행과 거래된 개인-기업 등은 공정성평가를 받게 되는데, 국가적으로는 일단 GNP가 약한 충격을 받아 2~3년간 연평균 3~5% 정도가 줄어드는 효과가 있을 것으로 보인다.[3]

국제적인 Global Systemically Important Banks(GSIBs) 선정 및 추가 손실 흡수능력 제고, SIFIs 정리체계(Resolution) 마련, SIFIs 감독 강화, Do-mestic Systemically Important Banks(DSIBs) 규제, Global Systemically Important Insurers(GSIIs) 규제 등은 금융 안정성과 장기적인 은행 건전성을 확보하기 위함이다. 2010년 미국은 도드프랭크 월가 개혁 및 소비자 보호법(『The DoddFrank Wall Street Reform and Consumer Protec-tion Act』, 이하 금융개혁법)을 발의하였다. 은행지주 회사법(Bank Hold-ing Company Act), 증권거래법(Securities Exchange Act), 연준

---

3   완충자본제도 추가 도입 및 자본보전 버퍼, 경기대응 버퍼, 대형 은행에 대한 차등 규제,
    추가 자본, 감독 강화, 감독자협의회 운영한다.

법(Federal Reserve Act) 등 금융 규제개혁 법안으로, 핵심은 바젤3에 기초하여 금융 기관 및 관련 지주회사의 자본규제를 강화하는 것에 주목적을 두고 있다.

우선 개인은 정량성 평가로 변경되는데, 현 LTV(담보 대출)의 70%에서 정량성 평가에 의한 공정지수로 바뀌게 된다. 즉, 개인의 신용 등급은 더 엄격한 차별을 받게 될 것이다. 현재 신용등급 7등급 이하의 거래 거절이, 앞으로는 6등급 또는 엄격하게 5등급 이하로 적용받게 될 것이다. 이로 인해 은행거래에서 300만 신용불량 거래자, 즉 2금융권이나 3금융권 이용자들이 150만 명에서 200만 명이 더 증가된 450만~500만 명이 될 것이다. 이들이 제2금융권과 제3금융권 또는 신규 출범되는 인터넷 은행 이용자로 추가 편입되게 되는 것이다.

문제는 2018년 IFRS-9 시행과 함께 은행은 더 보수적이며 더 장기적으로 평가를 정량적으로 하게 된다는 점이다. 대형 은행은 국내 시스템 주요 은행으로 선정되어, BIS 1.0~2.0%의 추가자본 부과(바젤3 규제)가 이루어질 것이다. 이로 인하여 국내의 시스템적 주요 은행에서는 대손충당금 적립이 추가로 이루어지고, 유동성 면에서 장기적으로 적용되기 때문에 2018년 1월 1일 이후부터는 개인의 신용 공여(공정성 평가 지표)로 대출 승인 거절이 나타날 것이다. 2018년 IFRS-9

이 시행될 경우, 유럽의 사례를 보았을 때 현 대손충당금보다 30% 이상 증액된 대손충당금을 추가로 은행이 적립해야 할 가능성이 높다. 이 경우 개인과 기업에 미치는 파장은, 2018년 40만 세대의 주택 이동(대출 관련)과 시장에 의한 기업 구조조정 기간과 맞물려 그 충격파가 더욱 클 것으로 예상된다.

구체적으로 개인은 신용등급이 하향 보수화되기 때문에 추가적인 1금융권 대출이나 은행 통장 개설이 어려워질 것이다. 정량적인 상태로 추정하면 4등급 이하 대부분은 신용이 더 세분화되어 하락하게 될 것이다. 문제는 담보 대출이 공정성 평가에 의한 지급여력비율을 따르는 방식으로 바뀌게 된다는 점이다. 이에 따라 현재의 수입 정도로 따져서 대출된 주택담보대출이나 전세대출 만기 연장의 거절 상황이 나타날 것이다. 이유는 시장이 침체기에 들어서면 IFRS-9 회계에서는 위험성으로 인식될 것이기 때문이다. 결국 가계나 기업 모두 극단적 양극화로 진행되어 가는 것이다.

외국의 경우처럼 예상손실모형에서 발생손실모형으로 바뀌었을 경우, 우리가 현재까지 가지고 있던 부실의 실체가 드러날 것이며, 현재까지의 평가 시스템과 다른 평가로 은행 건전성을 평가하기 때문에 개인에 대한 평가는 더 엄격해지고 보수적이며 까다로워지는 것이다.

　이러한 평가 체제의 변환은 신용 대출 거절 현상으로 폭넓게 나타 날 것이다. 과거에는 공기업-의사-변호사 같은 직종의 경우 정성적 평가에 의해 일반적으로 1억~2억 원 정도는 대출 받기에 문제가 없었다. 그러나 신용 대출 시장에서는 수입과 지출에 대해서 따지기 때문에 이러한 정성적 평가는 의미가 없어져, 이러한 대출 행태는 과거의 유산이 될 것이다. 이런 파고로 인해 개인들의 대규모 신용 이동(금융권 이동), 개인파산과 신용 불량자가 쏟아져 나올 뿐만 아니라, 300만 명의 신용 불량자나 저신용 1금융권 이용자의 강제적인 퇴출이 뒤따를 것이다. 급증한 신용 공여 현상이 결국은 시장의 조정을 강제적으로 받는 시간이 될 것이다.[4]

〈연령대별 인구 및 금융 부채 분포 전망〉

	인구분포변화(단위:%)			부채분포변화(단위:%)		
	2014년	2019년 (5년 후)	2024년 (10년 후)	2014년	2019년 (5년 후)	2024년 (10년 후)
30대	17.0	14.4	12.4	18.6	16.6	14.4
40대	23.5	20.6	18.2	31.2	28.2	25.8
50대	24.0	23.6	22.5	32.9	33.4	33.1
60대	14.5	18.2	22.0	13.3	17.4	21.5
70대	9.9	10.7	12.1	4.0	4.4	5.2

출처: 한국은행, 통계청(가계금융·복지조사)

4　시장의 다양한 위기상황을 반영하여 자본 부과 Stressed VAR 도입, 거래 상대방 신용 리스크 강화한다.

원칙주의·연결 중심·공정가치 회계, 공시기능 강화, 지급 능력 위주의 공정성 평가로 대출 기준 달라져

IFRS의 주요 특징은 ① 원칙주의 회계, ② 연결중심 회계, ③ 공정가치 회계, ④ 공시기능 강화의 네 가지로 요약이 가능하다. 그중 IFRS의 주요 특징 중 하나인 '공정가치 평가'는 투자자에게 유용한 정보를 제공하는 역할을 한다. 원칙주의 회계는 회계처리에 대한 구체적 지침보다는 기본 원칙과 방법론을 제시하며, 연결 중심 회계는 지배 회사와 종속 회사를 하나의 경제적 실체로 간주한다(회계 투명성). 공정가치 회계는 기업의 재무상태 및 내재가치에 대한 의미 있는 투자 정보 제공에 중점을 두며, 공시기능 강화는 회계정보 이용자 보호를 목적으로 한다.

금리 300bp 상승 시 위험가구비율은 10.3%에서 14.0%로, 위험부채비율은 19.3%에서 30.7%로 높아지고, 주택 가격 15% 하락 시에는 위험가구비율은 13.0%, 위험부채비율은 29.1%로 각각 상승한다(금융 안정 보고서, 국회예산처 주택 시장 전망 보고서 참조). 만약 복합 충격(금리 200bp 상승, 주택 가격 10% 하락 동시 발생)이 발생하면 위험가구비율은 14.2%, 위험부채비율은 32.3%로 증가하는 것으로 추정되고 있다. 위의 보고서에는 금리 등의 영향은 나와 있지만, 여기에는 가계 부채의 심각한 실업+전세대출+IFRS-9 시행 시의 공정성 평가의 영향은 반영되어 있지 않다.

특히 단기유동성 방향 LCR은 바젤은행감독위원회(BCBS)가 도입한 규제비율로, 긴급한 유동성 위기 발생으로 자금 인출이 있더라도 30일 동안 버틸 수 있는 고유동성 자산의 보유 비율의 방향에서 NSFR(순 안정자금 조달비율)로 장기적인 포지션으로 유동성 자산을 평가한다. 그렇기에 개인, 특히 주택담보대출 같은 비유동성 자산의 하락에 맞물려 자본완충이 힘든 곳부터 무너지게 될 가능성이 크다. 은행은 이 완충자본을 해결하기 위하여 개인의 지급 여력과 담보 대출을 회수하는 방향에서 보수적으로 심사와 평가를 하게 된다. 이 부분에서 외국에서 시행한 위험성 평가체제와 유사한 방식을 채택하게 된다.[5]

---

5 2013년 8월 자본 시장법의 개정에 따라 조건부자본증권 발행이 허용되었다. 기본자본 또는 보완자본 요건을 강화하였다. 이는 '조건부자본 기준'충족을 기본으로 하여 하이브리드 증권 발행하는 시장이 국내 국외적으로 크게 형성하게 되었다. 조건부자본이란 특정 발동요건(trigger event) 발생 시 상각되거나 보통주로 전환되는 증권을 말한다. 조건부자본의 개념조건부자본(contingent capital)은 특정 전환사건(trigger event) 발생 시 자동으로 상각되거나 보통주로 전환되는 자본증권을 의미한다. 기존의 기본자본(Tier1) 및 보완자본(Tier2)으로 인정되었던 신종자본증권 및 후순위사채보다 자본성이 강한 증권이다. 이에 구성 하는 조건은 다음과 같다.
Trigger event:
1) 금융산업의 구조개선에 관한 법률에 따라 부실금융 기관으로 지정된 경우
2) 은행업감독규정 제36조(경영개선명령)의 조치를 취하는 경우
3) 예금자보호법에 따른 부실금융 기관으로 지정된 경우를 말한다.

즉, 허용 가능성 여부가 위험수준이 안 되면 다시 개선 대책이나 개선 대책 수립이 아니라 미국이나 유럽처럼 바로 퇴출로 이어진다. 그렇기 때문에 1금융권에서 퇴출된 저신용자들이 2금융권으로 이동하게 될 것이다. 2금융권에서 퇴출된 개인들의 자산대출은 은행에서 회수 경매에 들어가는 시스템이 당분간 유지되는 과정에 이르게 된다. 2017년쯤에는 현 34%의 대부업 대출 금리가 27.4% 정도로 바뀌게 되고, 300만 명이었던 저신용자 대출 시장은 500만 명 이상으로 증가한 대부업 시장으로 열리게 될 것이다. 대부업과 인터넷 은행은 2018~2020년까지 신규 고객의 대규모 증가로 활황을 맞게 될 것으로 예측된다. 즉, 바젤3나 IFRS-9 공정성 평가에 대한 수습 방안이나 대책이 없기 때문에 당분간 은행의 생존이 걸린 시기에 개인들은 엄청난 혼란 속에서 방안을 찾지 못하는 것이다.

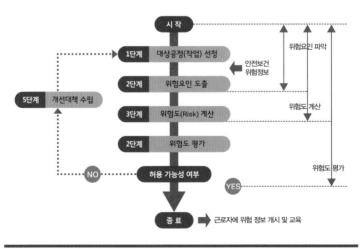

*출처: 산업안전보험 관리공단

이러한 1금융권 퇴출의 영향은 2017~2019년 수도권 100만 가구 이주 대란과 자산 가격 하락 현상, 금융의 국제 기준 준수로 인한 지방 은행의 퇴출과 국책 은행의 부실화 그리고 대규모 기업 구조조정으로 인한 대량 실업으로 인하여 지금까지 겪어 보지 못한 시스템상의 혼란에 처하게 될 것으로 보인다. 이 위기의 근원은 국내 기업 구조조정을 3년간 미루어 왔기 때문이다. 게다가 국제금융과 회계 시스템의 국내 적용 시점 또한 계속 미루어 오면서 30대 대기업 부실과 중소기업 부실(이른바 한계 기업 퇴출)을 방치해 왔다. 이러한 혼란은 은행부문에만 국한된 것이 아니라, 일정별로 2020년까지 시스템 자체가 정성적 시스템에서 정량적인 시스템으로 옮겨 가면서 발생하는 현상이다.

그렇다면 가계와 개인은 어떤 현상을 겪을 것인가? 한마디로 말하면 기존 정성적인 시스템에 있던 한계 가구는 대부분 이 시스템에서 상당 부분 고통을 겪고 금융 시장에서 구조조정을 겪게 될 것이다.

한계 가구 대부분은 시스템에서 퇴출될 것, 대규모 신용 하락 계층 탄생, 고금리 대부 시장 성장

채무를 가진다는 것은 지급 의무를 선언한 채권증서를 발행하고 이 지급 의무를 진다는 것이다. 그러나 이번 시스템에서는 채무를 가진 자가 채무를 갚겠다고 하여도 신용 공여가 하락한다는 점에서 문제의 심각성과 전파 파장이 크다는 것이다. 즉, 신용 팽창으로 인하여 채무가 증가하였고 자산이 증가하였다. 그런데 그 평가는 과거의 방식이다. 현재는 채무의 일정 비율을 계속 갚아야 하며 은행은 미래의 채무에 대한 위험성에 대한 부채를 인식하고 이에 적절한 대손충당금을 쌓아야 한다. 위험성을 인식하게 되면 대손충당금은 현재보다 최대 50% 증가할 수 있다. 이것이 시스템의 기본 골자 이자 평가 시스템인 IFRS-9의 공정가치 평가의 기본 맥락이다. 즉, 채무는 곧 지급 여력이며 지급 여력은 담보 대출 비중이 아니라, 현재의 재화 생산 능력, 월 수익, 연 수익이 얼마이며 얼마나 갚아 나갈 수 있는가 하는 평가 시스템인 것이다.

그러나 이러한 평가 체제에 탈락한 계층이 광범위하며, 기업 구조조정 기간 중 실업 발생과 자산 가격 하락 그리고 입주 대비 차등의 채무 불이행이 단기적·중기적으로 생기게 되면 어떻게 되는가? 채무자가 빚을 갚을 능력이 없을 경우 그 부채는 그대로 휴지 조각이 되거나 자산처분 경매로 진행될 가능성이 매우 크다. 문제는 전 은행권에 시행되는 시스템이 일괄적일 경우, 경매의 증가=파산의 증가=은행부실률의 증가라는 공통된 분모를 갖게 된다는 것이다. 이

것이 점진적으로 진전되는 이번 금융 시스템의 취약점이라고 할 수 있다.

　채무자의 신용도를 파악했을 때 변제능력이나 관리비용을 공정성 가치로 평가할 때, 마이너스이거나 채권추심상환비율이 20~30%일 경우 은행은 고스란히 부실 채권으로 인식한다. 은행은 부실 채권으로 전환된 채무에 대한 대손충당금을 더 쌓기 위해서 추심과 상환을 가중하게 된다. 이러한 위험성은 결국 전체 시스템에 위험을 가중시킬 수 있다. 단기성 LCR(유동성커버리지비율)에서 장기성 NSFR(순 안정 자금 조달비율)로 넘어가게 되면 이 괴리는 더 크게 벌어질 것이다. 오차분만큼 채권 추심과 부실 채권은 더 광범위하게 증가될 것이다. 과연 현재처럼 부실 채권으로 '땡처리'가 가능하냐인데, 저신용자 300만 명 시대에서 500만 명 시대로 전환된다면 그 시스템에서 극단적으로 나타나는 현상은 아마도 자살자의 증가와 개인 파산자의 증가로 귀결될 것이다.

　더 큰 문제는 과거 산업화에서 뉴노멀(저성장) 시대에 진입한 가계-기업-국가의 부채 전쟁 시대에 개인들의 선택지는 많지 않다는 것이다. 공정성 평가 잣대에서 퇴출된 개인들은 더 높은 금리의 금융 기관과 27.4%의 고금리 대부 시장의 문을 두드릴 것인데, 그 시장은 엄청나게 성장하겠지만 어느 한계에서는 빚을 도저히 갚을 수도, 그렇다고 회생도 불가능한 늪에 빠졌다는 것을 알게 될 것이다. 따라서 극단적인 자산 하락과 은행신용 퇴출로 인한 자살자 증가와 파산자의 증가로 치달을 가능성이 매우 높다.

500만 신용 공여 시장의 대부업은 3~5년 엄청난 활황기를 맞이할 것이다. 그리고 이러한 퇴출 2년, 3년 후 새로 진입한 실업과 빈곤 상태의 신용 저하 계층에서는 2014년 기준 1만 4천 명의 수준의 자살자가 2만여 명 수준으로 올라갈 가능성이 높다.

노인 빈곤률(2015년 기준 49%) 세계 최고인 나라가 노인 자살률도 최고라는 공식을 도입하면 노인 자살자가 증가할 것이라는 예측은 당연한 상식이다. 50대 대규모 신용 퇴출 계층의 빈곤화, 저신용 계층의 몰락이 몰고 올 파장이 바로 바젤3의 핵심 중 하나가 될 것이다. 대규모 신용 하락 계층의 탄생은 이후 IFRS-9, IFRS4-2 등 시장에 안착할 새로운 시스템이 한국 사회에 몰고 올 비극의 서막이다.

바젤3 적용 시, 가계 부실이 정말 은행 부실화의 최대 원인일까. 그렇지 않다고 본다. 장기간의 구조조정 지연의 결과로 2012~2014년까지 부실화된 100조 원의 은행부실 채권 중 80%가 기업 대출채권이며, 가계 부실은 15%가 채 되지 않는다. 기업 부실이 가계에 전이되어 한계 가구 파산이 증가한 것이다. 바젤3, IFRS-9 시행과 맞물려 2018년 이전에 평가한 한계 가구 평가 방식이 아닌 이후의 평가 방식을 적용받게 됨으로써 파생되는 문제다.

다시 말하면 현재 부실 상태 평가 방식으로 인한 한계 가구의 가계 부실화 영향이 아닌, 연간 8%씩 증가된 150만 가구의 한계 가구 부실 대출이 2년 후 170만 가구(현 평가 방식), 2020년경에는 200만 가구 이상에 이르게 되는 것이 문제다.

현 평가 방식으로 보면 대출을 가진 10가구 중 3가구가 한계 가구이다. 다중 채무자는 2015년 기준 341만 명, 가구당 금융 부채 규모는 1억 5,000만 원 금융 자산은 5,800만 원 정도로, 하위 5계급 저소득층과 60대 이상 고령자 가계에서 폭증하는 양상이다. 구조조정 기간에는 50대 초반 가구의 폭증이 예상된다.

바젤3가 시행되는 2018년과 2019년, 과연 부실로 평가되는 가계 부채는 얼마나 되겠는가? 결론적으로 현재의 235조 원을 넘어 연 320조~350조 원에 이를 것으로 추정된다. 현재 다중 채무자는 31%, 금액은 80조 원으로 가계 대출 비중이 6.4%이다. 이는 35~40%로, 금액은 100조 원에서 110조 원, 비중은 9~10%까지 증가될 것으로 예상 된다.

쉽게 말해서 지금 여력이 없는 가구(한계 가구)에 대해서 IFRS-9 평가가 시작된다면 1금융권을 사용할 수 있는 가구는 과연 몇 퍼센트가 될 것인지는 예측하기가 어렵다. 현재 가계 부채를 감내하기 힘든 가구를 한국은행에서 조사했을 때 33.8%가 자영업자 가구였는데, 기업 구조조정과 미국 금리 인상까지 덮칠 경우 스트레스 추정치의 파산은 10% 이상 증가한다는 보고서가 있다. 앞으로의 평가방식이 정량성 평가로 바뀔 경우, 지급 여력이 없는 가구는 시간이 갈수록 국제기준상 현 1금융권을 사용할 수 없게 될 것이다.

한계 가구에 대한 1금융권 대출 만기 연장 어려울 듯, 시스템적 과부하 상태에서 금융공황으로 진행될 가능성

문제는 IFRS 공정성가치평가 제도, 즉 지급 여력 제도로 평가할 경우 과연 1금융권이 한계 가구 대출에 대하여 지금처럼 대출을 만기 연장할 수 있는가이다. 공정성 가치평가의 원리금 상환이 불가능할 경우, 평가 방식에서는 퇴출 또는 일정 부분 은행의 대손충당금 적립이 의무화되어 있다.

또한 LCR단기유동성 평가방식일 경우 부실로 인식하지 않지만, NFCR장기유동성 평가가 2018년 도입될 경우 부실 채권의 비율이 커질 수밖에 없다. 유럽의 경우 솔벤시2가 시행된 이후 은행의 대손충당금 규모가 50%까지 증액된 사례가 있다. 그렇다면 현재 부실 위험이 높은 가계는 60대 이상인 한계 가구가 13%, 즉 19만 가구 정도인데, 이러한 수치, 곧 과거 기준의 평가 방식은 2017년 12월 31일부로 종료된다.

과연 2018년부터 시작될 바젤3 금융 상태에서 얼마만큼의 은행이 살아남고, 가계는 얼마가 2금융권과 대부업으로 퇴출되며, 관치금융왕국의 부실은 어떻게 드러날 것인가? 결국 대규모 실업자 양산, 대규모 가계 파산 시작, 기업 부실로 인한 가계 전이의 부실화로 은행건전성 악화, 부실 은행의 구조조정, 대부업 시장의 폭발적 수익화로 이어질 것이다. 이 기간 고령자 가구의 빈민화(12.3%)와 자살자의 폭발적 증가, 자영업자의 대규모 은행시장에서의 퇴출 등 앞으로 우리가 겪을 금융공황 상태는 멀고도 험할 것이다.

아마 국민적 공분은 보험사의 부실화에서 터질 것으로 예측되지만, 결국 이 대규모 금융 난민들이 어떻게 행동하느냐에 따라서 사회의 공기와 정치·사회적인 합의까지도 바뀔 수 있을 것이다. 이들이 만약 서구처럼 무소유 작전, 이른바 빚을 갚을 의지를 상실하거나 고령화 저성장 사회에서 아예 소비를 축소하는 형태로 나타나게 될 경우 문제는 더욱 심각해진다.

바젤3 시행, 2016년 필라2, 2017년 필라3와 베일인 제도, 2018년 IFRS-9 시행은 다음과 같은 결과를 만들어 낼 것이다. 사상 초유의 실업자 증가, 은행은 건전성 자산에 대한 담보 대출 확대와 기업 여신 축소, 대출 회수, 자산 가격 하락으로 인한 은행 건전성 악화, 대규모 저신용자 양산, 자살자 증가로 인한 극단적인 사회 불만 세력의 양산, 고령화 저성장으로 사회를 바라보는 인식에 의한 극단적 소비 감축 등이 그것이다.

결국 빚을 지고 있는 1,200만 가구는 이렇든 저렇든 은행 시스템에 적응해야 한다. 2017년 1,400조 원으로 불어날 가계 대출과 부채에도 잡히지 않는 전월세 보증금 500조 원 중 350조 원이 수도권에 몰려 있다. 이러한 전월세 보증금 대출이 동시에 역전세 대란을 통해서 만나는 시스템적 과부하 상태에서 부실이 확대 재생산되는 금융공황 상태로 진행될 가능성이 매우 높다.

신용등급	평균금리(단위: %)
1등급	3.8
2등급	5.9
3등급	7.5
4등급	9.6
5등급	11.9
6등급	17.8
7등급	21.2
8등급	23.5
9등급	25.8
10등급	26.7

출처: 금융안정보고서(2015년 기준)

미국 금리 상승으로 이자는 오르는데 실업 상태이며, 대출은 만기 연장이 안 된 상황으로 치닫고 그 폭이 1조 원도 2조 원도 아닌 20조 원, 30조 원씩 늘어간다면 어떻게 될까? 은행 건전성으로 버틸 은행은 D-SIB[6] 5대 은행 말고는 거의 없을 것이며, 은행 자체도 엄청난 공포감에 휩싸일 가능성이 높다. 결국 안정성-대출 규제-대손충당금적립-기업 파산-가계 파산 증가-대부업 증가로 사회적 갈등 폭발-자산가격의 하락과 역전세 가격 하락-대규모 자살자 증가-대규모 파산

---

6 시스템적 중요 은행(은행지주회사)을 말하며, 시스템적 중요도 등을 감안하여 금융위원회에서 시스템적 중요 은행 및 시스템적 중요 은행지주회사를 매년 선정하여 추가 자본 적립의 근거를 마련하기 위함이다. ㈜하나금융지주, 한국산업은행, ㈜신한금융지주, ㈜KB금융지주, ㈜우리은행, 농협금융지주㈜, 중소기업은행 등 5대 은행이 선정되었다. 2015년 9월 말 현재 평균 BIS비율(은행 13.99%, 은행지주 13.68%)은 최저 적립 기준(10.5%, D-SIB의 경우 11.5%)을 상회하고 있어 현 단계에서 D-SIB 추가자본 적립을 위한 실질적인 부담은 아직까지 없다.

신청 증가의 순으로 갈 가능성이 매우 높은 것이다.

이 문제의 핵심은 과거의 평가 방식에 의한 미래 예측을 추정한 지금의 관리가 새로운 평가방식을 만남으로써 대규모 부실이 현실화되어 나타나는 것이다. 이것이 바젤3 모멘트의 특징이라 하겠다.

60대 이상 고령 자영업자,
베이비붐 퇴직세대가 최대 피해

자영업 노인의 43.8%는 판매 종사자, 임금 근로 노인의 85.4%는 단순 노무 종사자이다. 2015년 서울시에서 일하는 노인 중 자영업 노인은 65.5%로 임금 근로 노인(34.5%)의 약 2배이다. 자영업 노인의 경우 판매 종사자(매장 판매직 등)가 43.8%로 가장 많았으며, 임금 근로 노인의 경우 단순 노무 종사자(경비, 미화원, 택배원, 활동보조인 등)가 85.4%로 대다수 자영업 노인(주 68.4시간 근무, 월수입 159.3만 원)이 임금 근로 노인(주 56.4시간 근무, 월수입 122.8만 원)보다 주당 12시간 더 일하고 36만 5천 원 더 번다(서울연구원 인포그래픽스 참조).

	가구당 평균(단위: 만 원)	금융 부채 보유가구 비중(단위: %)
30대	4,206	70.6
40대	5,036	72.3
50대	5,222	65.1
60대	3,478	48.2
70대	1,225	20.8

출처: 한국은행, 통계청(가계금융·복지조사)

우리나라의 인구 10만 명당 자살률은 경제협력개발기구(OECD) 회원국 중 10년 연속(2003~2012년) 1위다. 2013년 OECD 회원국의 자살률이 12.0명인데, 한국은 2016년 현재 평균의 두 배인 29.1명을 넘어서고 있다. 이 시스템의 최대 피해자로 고령층 노인을 지목하는 이유는 그들의 자산 중 부동산 실물 자산의 비율이 70%를 상회하는 것도 있겠지만, 이들이 극단적 양극화 현상을 겪고 있으며, 대량 실업자 발생 시 일자리 경쟁에서 밀리게 되기 때문이다. 게다가 정량성 평가 =지급 여력으로 평가할 경우 신용 하향계층으로 우선적으로 추락하기 때문이다. 최대 빈곤률=최대 자살률의 현상이 이 계층에서 나타날 것으로 예상된다.

고령화로 진입하는 현 65세 이상 노인 인구는 과거와는 다른 다양한 특성을 가지고 있다. 가장 취약계층인 동시에 가장 정치적이며, 과거 어느 때보다 자기주장이 강하다는 특징이 있으며, 현실의 분노를 과감하게 표출하는 데 주저함이 없다. 만약 IFRS4-2(보험사 회계 제도 2020년 시행)가 시행될 경우, 과거 7% 때 특판된 연금 보험 상품이 일본처럼 바닥나거나 보험사가 파산하게 되는 경우가 생겨날 것이다. 노령층이 막상 이러한 현실을 목도할 경우 그 충격파는 더 크게 다가올 것이다.

2018년 본격적으로 퇴직과 고령화 계층으로 진입하는 베이비붐 세대의 경우는 문제가 더 심각하게 보일 수밖에 없다. 이들의 은퇴 후에 최소 생계가 보장되는지 생각해 보면, 현 시스템에서도 80% 이상이 생계에 적자가 불가피한 상황이다. 2014~2016년 과대 공급된 수도권 주택 수량을 150만 세대(한 해 공급이 필요한 세대는 35만 세대를 최대로 상정)로 보면, 2016년 빈집이 100만 채에 이르게 된다. 따라서 구주택을 가진 고령층 자산 계층의 자산 하락이 불가피하다. 이들을 IFRS-9으로 평가할 경우 미래의 지급 여력이 떨어지는 고령 세대로 인식되어, 상당수 고령자 특히 자영업 가계는 파산이 불가피할 전망이다. 이에 관한 국가 통계는 아직 대략적으로 상정도 안 되고 있는 실정이다.

젊은 세대는 전세 대출 폭증으로 고통을 받고 있지만 지급 여력 평가 입장에서는 은행 시스템상 고령화 세대보다 좀 더 우수하게 나올 것이다. 그러나 전세 대출도 DSR체제에서는 나누어 갚아야 한다. 그렇기 때문에 젊은 세대의 고통은 상대적으로 적은 반면, 고령화 자영업 계층은 2018~2020년까지 시스템에 바로 퇴출되는 계층이 되어 최대 피해자가 되는 것이다.

이런 상황에서 빈곤이 심각해지는 만큼 노인범죄 또한 폭증할 것이다. 10년 전에 비해 2배 이상 폭증한 2015년 지표를 보면, 폭주 노인세대가 사회에 큰 문제로 대두될 것으로 예측된다.

이 현상은 엄밀하게 말하면 고환율로 인한 물가 급등 고통, 구조조정 적기 지연, 관치금융의 대출 부실의 환경에서 바젤3 시스템 대비(은행 배당금 잔치) 지연으로 인한 것이다. 그런 상황에서 정성적 평가 시스템에서 정량적 평가 시스템으로의 이동하며 나타나는 내부 금융 시스템의 혼란으로 이해하면 될 것이다.

앞서 언급한 노령층은 10년이나 20년 이후 초고령화 사회에서 일본에서 나타났던 노령층과 같은 행태를 보일 수 있을 것이다. 감옥에 가기 위해 무모한 노인범죄를 저지르거나 이른바 아예 사회보장을 신청, 파산해 버리는 식으로 흘러갈 것으로 예측된다. 하지만 은행 입장에서는 정량적 평가로 퇴출이 급증하더라도, 오히려 은행 부담과 부실은 더 쌓여 가는 대손충당금의 아이러니한 상황이 연출될 것이다.

문제는 과연 현 사회가 이 시스템을 감당할 수 있는가인데, 바젤 3의 총체적인 약점은 개별금융 기관이 수익을 얻기 위하여 위험을 추구할 수 있는 모험을 원천적으로 차단한다는 것이다. 즉, SFIS나 D-SIB의 주요 은행으로 지목된 은행은 모험을 원천 차단하는 시스템이기 때문에 시행 초기에는 가계 자금 대출이 늘어나지만 시행 중기에는 기업 대출이 대손충당금을 더 많이 모험 자본으로 인식하게 된다. 정량성 평가 이후 신용이 떨어진 전문직 종사자 대출도 모험 자본으로 인식되기 때문에 금융의 대출 축소와 보수화는 기정사실로 받아들여야 한다.

D-SIB는 파산할 경우 국가 금융 환경에 큰 혼란을 불러올 영향력 큰 은행 및 지주회사를 지칭한다. 하나, 신한, KB, 농협금융지주와 우리은행 등이 지정됐으며, 이들은 2020년까지 추가로 1% 이상의 추가 BIS가 필요한 주요 은행이다.

서울 베이비붐 세대 중에서 이 정량성 평가에서 한계 가구로 인식된 가구들은 지금의 40만~60만 원의 가계 적자를 과연 앞으로 5년 이후에도 감당할 수 있는가? 결론은 불가능하다고 본다. 50%가 적자 가구인 상황에서 실업과 물가 상승, 금리 상승 그리고 바젤3에 의한 미래 지급 여력을 평가할 경우, 50% 적자 가구가 가야 할 길은 바로 신용 대부업 시장으로의 이동밖에 없다. 이것이 바로 IFRS-9이 평가하는 공정가치 지급 여력 평가의 결과일 수밖에 없다.

2018년 1월 1일 이후 6등급 이하의 신용평가는 미국 금리 인상 여파, 정량성 평가에 의한 미래 지급 비율 산정에서 하락되어, 8등급의 신용 대출로 밀릴 것으로 추정된다. 즉, 은행의 7등급 신용 대출 공여자는 지금보다 더 설 자리가 없을 것이며, 6등급은 2~3년 후 7등급 신용 공여자와 마찬가지 형태로 1금융권에서 대출 거절 집단으로 지정받을 가능성이 매우 높다.

문제는 지금까지의 정성적 평가 시스템에서 OECD 가입국의 저성장 시대의 정량적 평가로 넘어가는데, 이러한 정량적 평가로 인한 충격에 대한 제대로 된 연구 논문이 거의 전무하다는 점이다. 지금 한국은행이나 기타 자료들도 정성적 평가 시스템에서의 피해 가구를 유추하는 정도에 머물고 있다.

분명한 것은 바젤3 시스템이 정상적으로 정착할 경우 GNP는 3~5%

하락하고, 시장에서는 퇴출이 요구되는 가계와 기업이 2~3년간 폭증한다는 것이다. 주된 신용 하락 계층인 고령화 진입 집단, 자영업 계층이 최대 몰락 계층이 될 가능성이 크다. 이들 계층의 미래 수익을 따져 보면 답이 없다고 본다.

일본의 빈집이 800만 채인데, 우리나라의 경우 현재 전국적으로 100만 채의 빈집이 있다. 이 수치는 향후 급격하게 증가해, 5년 후에는 160만 채 정도가 될 예정이다. 최소한 퇴출된 고령자들이 일본처럼 폭주 노인계층이 되지 않도록 귀촌 프로그램에 빈집으로 거의 무임으로 들어갈 수 있는 정부의 대책이 필요하다는 생각이 든다. 이러한 대책은 지방의 인구 감소에 대비한 인구 유입 효과도 클 것으로 예측한다. 만약 고령자 자영업 계층과 베이비붐 세대가 거대한 유랑민이 된다면 국가적으로 엄청난 갈등의 요소가 될 것이다.

중소기업⋯ 정량정보 객관성 부족, 비재무 항목으로 심사,
대출안정성 확보 위해 불필요한 비업무용 자산 매입

미래 상환 능력을 기준으로 한 신자산 건전성 분류 기준(Forward Looking Criteria)이 2010년 전면 시행되어 중소기업도 이 영향권에 있었으나, 기업의 수익성과 현금 흐름을 위주로 기업에 대한 신용평가 기준을 변경하였다.

그런데 정량성 정보를 객관화하기 원하지만, 정성적인 평가와 정부 지원과 보증 그리고 정치적인 문제 등 사회정치적으로 취급받는 중소기업의 경우, 복잡한 문제에 대해서 평가의 개선 사항이 미루어져 왔다. 그러나 2020년 500억 원 이상의 기업 외감사 확대가 공식적으로 발표되었으며, 2020년 이후 바젤3 신용 리스크 부분에서 위험 가중 논란이 있어 왔다. 신용 리스크 평가에서 정확성과 개관적인 자료가 부족하다는 것이다.

그래서 비재무평가가 중요해졌는데, 비재무 항목 평가의 중요성이 부각되고 은행(차주) 측에서 정성적인 평가로 중소기업을 심사해 왔다. 여기서 정성적이라는 것은 산업 흐름, 경영 마인드, 영업 손실과 보험 등 세부적인 체크리스트 평가를 말한다. 즉, 차주 심사의 재량권이 상당히 강했었다는 것이다. 그것이 2016년까지의 평가 방식이었다.

중소기업이 일반 금융 기관을 통해 자금을 조달받기 위해서는 이 정성적 평가가 중요했는데, 정성적 평가의 중요한 요소 중 하나가 담보 평가였다. 한마디로 대기업과 달리 회계 투명성을 믿을 수 없으니, 부동산 담보 평가를 통해 대출의 안정성을 확보해 나가던 것이 바로 바젤2 시스템이었다. 중소기업은 시중 대출 시장 금리를 확보하기 위하여 불필요한 비업무용 자산을 매입하였다. 이러한 각종 불필요한 비용 투자와 부동산 투기로 인해 기업의 경쟁력 또한 갉아먹어 왔던 것이다.

〈유형자산 증가율〉

	2009	2010	2011	2012	2013	2014	2015
전체(단위: %)	14.1	12.6	12.3	6.2	4.3	2.6	3.4
대기업	13.5	12.7	12.6	6.1	4.3	2.6	3.4
중소기업	28.6	10.2	6.3	7.7	6.1	1.5	2.0

출처: 금융안정보고서

기존의 비업무용 자산의 취득과 정성적 평가가 정량적인 미래 기대 신용손실(Expected Credit Loss) 모형에 의해 대체될 경우, 모험 자본으로 인식되어 바젤3 적용이 되는 은행에서는 대손충당금이 늘어나게 된다. 즉, 부동산 자산은 충당금 부담이라는 모험성 채권으로 인식된다는 것이다. 이럴 경우 지급됐던 대출금에 대해서도 충당금 적립이 차주에게 부담이 된다.

현행 ISA 39 회계 기준 시스템에서 금융 상품 분류는 4개 범주로,

당기손익인식 금융 상품, 매도 가능 금융 상품, 만기 보유 금융 상품, 대여금 및 수취채권이다. 2018년 1월, IFRS-9 금융 상품의 분류는 3개 범주로 당기손익인식 금융 상품, 기타포괄손익인식 금융 상품, 상각후원가 측정 금융 상품이 된다. 금융 상품 원칙을 중심으로 판단, 분류를 위한 판단영역에 대해서 다양화한다. 현행 IAS 39 발생손실 기준(Occurred Loss)은 현재 시점에 발생한 손실을 측정하여 바젤 리스크에 적용된다. 그러나 2018년 1월 1일 IFRS-9 적용 후에는 기대신용손실(Expected Credit Loss) 모형에 의해 대체하여 미래에 발생할 손상을 예측하여 측정하고 Life-time expected credit loss 개념을 도입하여 미래 불확실성을 반영하며, 3 Stage 접근법으로 신용 단계별 3가지 측정방식의 모델을 적용한다.[7]

은행 수익성이 악화되는 상황에서 대손충당금 등 기타 비용이 올라가면 은행들이 IFRS 위험가중자산규모로 인식하게 되며, 이것을 모험 자산(대손충당금 적립금 상승)으로 인식해 대출 축소를 통해 규제

---

7 자산을 공정가치평가하는 것. 그리고 공정 평가하지 않는 것으로 나눈 다음, 공정가치 평가하는 자산은 대부분 당기손익인식금융 자산으로 분류해 자산변동을 당기순손익으로 인식한다. 보험사의 구조화채권, 증권사 프로젝트파이낸싱(PF)대출, ETF를 포함한 수익증권, 메자닌 채권 등은 기존에는 자본으로 자산 변동을 인식하거나 공정가치평가를 하지 않을 수 있었으나, IFRS9에서는 대부분 손익계산서상 당기순손익으로 시스템으로 인식될 가능성이 매우 높다. 증권 및 보험사 입장에서는 손익 변동 폭이 큰 구조화채권, PF채권, 수익증권에 대한에 대한 대손충당금 투자 위험성 증가 등으로 이러한 투자 수수료 시장의 큰 변화 및 변동은 불가피하다.

비율을 준수할 것이다. 이로 인해 중소기업 대출시장은 초기-중기-말기로 갈수록 (2018~2020년) 신용경색이 발생할 가능성이 높은데, 이 중 중국의 경제 성장률이 2018년 5% 이하로 떨어질 경우 제조업과 건설업에 관계된 중소기업에 직접 타격의 가능성이 높아진다. 특히 제조업의 경우 정성적인 평가 시스템과 보증 시스템으로 평가가 증가해 왔으며, 건설도 담보 대출과 건설 보증 여력으로 평가받아 왔다. 그리고 상장사의 35%가 이미 좀비기업화됐다는 정부의 발표를 보았을 때, 2018년부터 입주될 공급 폭탄 70만 가구 이동부터 2019년까지의 예정된 수도권의 100만이 넘는 세대의 이동이 있을 경우, 문제는 더욱 심각해진다.

주택 시장은 주 담보 480조 원(2015년 기준)보다 전세 총액이 520조 원으로 더 크게 시장이 왜곡되어 왔다. 집단 대출(신용평가 제외) 상태에서의 이중 대출로 왜곡될 경우, 입주 시장은 전세 시장부터 하부가 무너질 가능성이 높다. 그것은 전월세 가격이 하락한다는 뜻이다. 이 이야기는 특별히 수도권 역전세 대란에서 자세하게 다루기로 하겠다.

문제는 지금의 제조업과 건설의 평가가 정량성 평가의 경우 모험 자본의 인식으로 변환되는 시스템적 변곡점이라는 점이다. 즉, Life-time ex-pected credit loss 개념 도입으로, 미래 불확실성이 반영된다는 것이다. 지난 5년간의 대출 증대 방식은 관치금융으로 저축 은행 왕국이 붕괴된 것과 유사한 형태라고 볼 수 있다.

이제 국제적인 공시제도에 편입됨으로 정부의 즉각적인 대응보다 시간이 지난 후에 대응하는 시스템으로 변경되는 것이다. 정성적 평가가 거의 완전한 정량적 평가로 바뀔 경우 추가 부실 상황은 거의 짐작하기가 불가능에 가깝다. 이 점이 중소기업에 미치는 파장이며 이에 대한 우려가 크다.

미국 금리 인상, 중국 경제 경착륙이 거의 기정사실화된 현실에서 신흥국 경제 위기 또한 기정사실이 되어 가는 실정이다. 여기에 5년간 일본이 근린궁핍화전략과 역플라자 전략으로 100대 수출품 중 50개가 중복되는 상황에서 대기업보다 수출 중소기업이 계속해서 타격을 받아 왔다.

한계 기업 수가 증가(2009년 2,698개 → 2014년 3,295개), 정량성과 공정가치 시스템에 준비된 중소기업 전무한 실정

한계 기업의 수만 따져 보아도 구조조정 지연에 의한 한국경제 생태계 전반이 침체되는 분위기를 볼 수 있다. 수익성·재무건전성 등 영업실적 및 재무 상황에서 10대 대기업의 내부 유보금은 약 504조 원(2015년 기준)이다. 중소기업은 특징상 모험기업의 속성을 가질 수밖에 없다. 이러한 모험기업의 성장이 바로 한국 경제의 다양한 경제 생태계에 활력을 불어넣어 왔다는 점을 간과하면 안 된다.

금융위원회 2015년 12월 31일 발표 자료를 보면 채권은행은 신용 공여액 500억 원 미만 기업 중 1,934개 세부평가대상 업체를 대상으로 신용 위험평가를 실시하였는데, 이 중 구조조정 대상 업체는 175개사(C등급 70, D등급 105)로 전년(125개사) 대비 28.6% 증가하였다. 문제는 과거의 정성적 평가 시장에서조차 연간 28.6%(2014년 대비 2015년)나 증가하고 있는데, 과연 바젤3 시스템에서 그 증가폭이 둔화될 것인가이다. 경기 침체에 이자율이 올라간 상태에서 IFRS-9 모델의 정량성이 제도화된다면, 은행은 생존을 위해서 대출 거절을 하게 된다. 유럽의 경우 대손충당금이 최대 50%가 늘었다는 것을 주목할 필요가 있다.

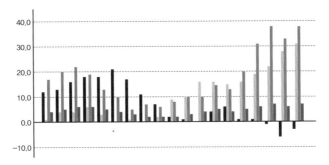

	2011 1/4	2011 2/4	2011 3/4	2011 4/4	2012 1/4	2012 2/4	2012 3/4	2012 4/4	2013 1/4	2013 2/4	2013 3/4	2013 4/4	2014 1/4	2014 2/4	2014 3/4	2014 4/4	2015 1/4	2015 2/4	2015 3/4
■ 대기업(단위:조원)	12	13	16	18	18	21	17	11	7	2	1	0	4	6	1	1	−1	−6	−3
■ 중소기업	1	4	4	6	3	0	1	0	2	9	10	16	16	15	16	19	22	28	31
■ 가계	17	20	22	19	13	10	5	7	6	8	10	10	14	13	20	31	38	33	38
■총대출 증가율(단위:%)	4	5	6	6	5	4	3	2	2	2	3	4	5	4	5	6	7	6	7

■ 기업 규모별 현금흐름 보상 비율1〉 분포

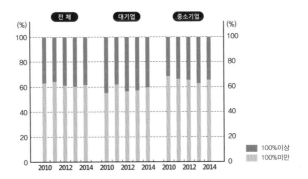

주: 1〉 (영업활동 현금흐름 + 이자비용) / (단기차입금 + 이자비용)
*출처: 한국은행

특히 수렴성 이론[8]에 의하여 중소기업은 그간 재벌의 갑질과 횡포의 어려움 속에서도 스스로의 생태계를 잘 보존해 왔으나, 이번의 정량적 평가의 경우 한국 경제의 비수렴성에 의하여 생산적인 수렴성마저도 그 의미가 퇴색할 것이다. 공정가치 평가와 정량성 평가에 준비가 안 된 중소기업에 대한 평가를 할 경우, 이들은 그간 매입하였던 비업무용 부동산을 채무 상환 비율을 맞추기 위해서 매각할 수밖에 없을 것이다.

영업 개선의 흐름을 정성적 평가의 방향으로 평가해 온 지금의 관행이 순식간에 바뀐다면, 경기 침체기에서 모험 자본을 대손충당금 적립금 상승으로 보는 IFRS-9 시스템에서 중소기업의 부채비율 증가와 이자 상승, 경기 침체로 인한 담보 부동산 매각 압력 등으로 상당한 어려움이 있을 것으로 예상된다.

아마도 지금의 신용평가 시스템으로는 상당수 섬유 원료 중 TPA(테

8　수렴성과 비수렴함정: 수렴성과 관련한 이론으로는 이른바 '후발자의 이익(advantage of backwardness)'에 따라 시간이 흐를수록 나라들 사이의 격차가 줄어들 것이라는 Gerschenkron의 이론으로서, 경제 발전 단계의 초기에 유효했던 기술 모방·규모 확대 위주의 투자 주도(investment-based) 전략이 자체적 기술 혁신 중심의 혁신 주도(innovation-based) 전략으로 전환되지 못하여 경제 발전이 정체되는 비수렴함정(non-convergence trap)이 존재하는데 비수렴함정이란 선진국 진입의 잠재력을 가진 경제가 조정 실패 등의 요인으로 선진국과의 격차를 줄이지 못하고 낮은 기술 수준에 정체되어 저기술·저혁신의 악순환이 계속되는 상태를 말한다.

레프탈산)는 중국의 대규모 증설로 인한 공급 확대, 수요 산업의 부진 지속 등으로 사업 여건이 악화될 것이다(누적적자 예상 1조 원 추정). 그간 중국이 최대 수요처였으나 중국은 2015년 이후 자급률 확보를 위하여 노력해 왔고, 2018년 이후에는 자급률 상승뿐만 아니라 수출 경쟁력까지 확보할 것으로 예상된다. 현재 호황인 석유화학 계열 중소기업 등 경제 생태계 전반에 몰아칠 후폭풍은 석유정제업의 대규모 퇴출로 진행될 것이다.

〈전체 기업과 한계 기업의 재무·영업 현황〉

	전체 기업		한계 기업
	10년 → 14년	변화율	10년 → 14년
이자보상배율	5.1 → 3.9	1.2p 감소	1.0 → △0.7
매출액영업이익률	7.1% → 4.6%	2.5%p 감소	4.1% → △3.6%
부채비율	98.4% → 79.2%	19.2%p 감소	200.0% → 222.5%

출처: 한국은행

　문제는 바로 바로 인식되던 손실이 아닌 미래 손실까지 은행의 부실 가능성으로 인식하는 정량성 시스템과 공정가치 시스템에 대해서 준비된 중소기업은 거의 전무하다는 것이다. 앞서 예를 든 석유정제 분야만 보더라도 중소기업 경제 생태계 분야에서 심각한 침체가 예측 가능하다. IFRS-9 모델은 시가평가모델에서 미래의 손실률평가 모델로 인식하기 때문에 더욱 그렇다. 중소기업 입장에서는 이러한 시스템에 대한 대비는 거의 전무하며, 시장이 침체기 초입에 들어왔을 때에는 이미 업종의 퇴출이 진행되고 기업 생태계의 하부가 송두리째 흔들릴 수 있다.

이러한 금융 시스템은 서구의 금융 역사로 보았을 때 너무나 타당한 시스템이자 금융의 진화일 것이다. 그러나 성장 시대만을 경험한 한국의 중소기업 생태계에서는 다른 이야기이다. 대기업의 갑질, 생산성과 경쟁력의 정체, 국제적인 호황과 침체에서 그나마 생존하던 기업의 하부 생태계가 결코 견딜 수 없는 환경이 될 것이다. 금융 시스템 진단이 한 업종의 중소기업 전체의 시스템 붕괴로 연결되지 않을 것이라고 확답을 하기 어려운 이유이다.

그간 재벌은 고환율과 규제 완화를 통하여 엄청난 이득을 획득해 왔다. 그러나 고용의 89%를 차지하고 한국 경제 대부분의 내수 생산과 수출 생태계를 지탱해 온 중소기업과의 상생보다는 고환율로 이득을 본 자금을 해외 기지 건설에 사용하거나 내부 유보금 배당 등을 통하여 이익을 사유해 왔다. 그러나 중소기업은 치열한 생존게임에서 그간의 은행 부실률만 비교하여도 어려움 속에서 제 역할을 해 왔다고 평가할 수 있다.

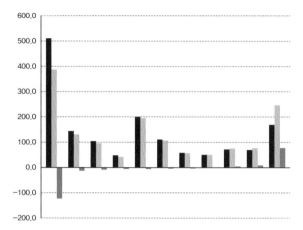

*출처: 금융안정보고서(2015)

	해운	석유	도소매	전자	건설	기계	철강	자동차	섬유	화학	조선
■ 2014년 말(%)	510.5	143.8	104.3	47.4	200.6	110.7	57.6	49.7	71.8	68.9	168.9
▨ 2015년 6월 말(%)	386.6	130.5	95.4	41.3	194.5	106.2	56.3	49.7	75.4	76.6	246
■ 등락(%)	−123	−13.3	−8.9	−6.1	−6.1	−4.5	−1.3	0	3.6	7.7	77.1

한국의 10년간의 정부 정책에 의한 새로운 경제 생태계 시도는 모두 파탄으로 끝을 맺었다. 이유는 생각보다 간단한데, 미국의 스티브 잡스는 고객과 관계사에 새로운 시장과 상품을 소개하지만 한국의 수많은 스티브 잡스를 자처하는 이들은 관료와 정치인들 앞에서 상품 없이 정책 자금과 지원만을 요구해 왔다.

요즈마 펀드[9] 같은 대규모 모험 자금 공여 필요, 중소기업 정책 자금 운용 자성 요구된다

　문제는 훈넷-스마트시티-녹색 산업-자원외교 사업-스마트 그리드 같이 엄청난 공적자금이 들어갔음에도 아무런 성과가 없었고, 건전한 생태계 탄생이 없었다는 점이다. 대기업에 집중된 투자로 인한 낙수 효과는커녕, 관치금융의 대기업 지원에 의한 부담을 중소기업이 고스란히 지게 되었다. 이번 바젤3 모멘트 기간 중 중소기업은 가장 큰 피해자가 될 것이다.

　이익의 사유화와 손실의 사회화 현상으로 인해 금번 중견 재벌기업의 부실에 중소기업 보증기금 1조 원이 손실되는 어처구니없는 사태가 벌어졌다. 이는 정부가 재앙을 키우고 있다는 것을 보여 준다. 이번 정량성 평가로 중소기업의 부실과 산업생태계의 하부를 구할 특단의 대책이 요구되는 이유이다. 이스라엘의 요즈마 펀드 같은 중

9　이스라엘 정부는 1992년 '인발(INBAL)'이란 민·관 합작 펀드를 처음 만들었으나 1년 만에 실패했다. 이 경험을 살려 이듬해인 1993년 요즈마 펀드를 만들었다. 펀드 조성 규모는 2억 6,300만 달러로, 이스라엘 정부가 40%, 해외 벤처캐피털이 60%를 출자했다. 이스라엘 정부는 자금을 대는 역할만 하고 투자기업 발굴 등 세부 지원은 민간 벤처캐피털이 전담했다. 이 펀드를 모태로 10개의 자회사 펀드도 조성했다. 결과는 대성공이었다. 요즈마 펀드는 1993년부터 5년간 217개 이스라엘 벤처기업에 투자했다. 기업공개(IPO), 매각을 통한 투자금 회수율은 56%에 달했다. 이 지사장은 "정부는 기업에 직접 투자하기보다 '마중물' 역할만 하고, 경험 많은 민간 투자사를 적극 활용한 게 요즈마 펀드의 성공 비결"이라고 설명했다.

소기업 자금에 대한 모험 자금의 대규모 공여가 절실한 시점이다.

　이번 부실의 진앙지에 중소기업의 보증기금을 어처구니없게 쏟아부어 1조 원의 손실을 지게 된 사태는, 정부가 수많은 이들의 미래와 생존에 대하여 아무런 도덕적인 책임감이 없다는 생각을 들게 한다. 고환율로 인한 대기업들의 오랜 기간 동안의 이윤으로 상장사 10대 대기업의 현금성 자산만 550조 원이 쌓여 있으며, 정부로부터는 법인세 인하를 비롯한 각종 혜택을 누려 온 것이 사실이다. 2018년 금융환란 기간 국가의 현 생산성을 유지하고 확대하기 위해서는 모험 자본으로 인식된 중소기업에 대한 대책과 지원이 절실하다.

　지금 적립된 대기업 자금은 이번 금융환란기 동안 미래 투자기업 부실기업의 헐값 인수로 흘러갈 가능성이 크다. 이럴 경우 경제적 양극화는 더 벌어질 것이다. 문제는 성장이 정체되고 침체되는 상황에서 모험 자본이 없다면 그 사회는 더더욱 침체로 갈 가능성이 높다는 것이다. 그리고 그 침체의 피해자는 대한민국의 모든 사회계층이 될 것이다.

　사내 유보금에 대한 과세를 1989년도 이전으로 되돌리고, 이 과세에 대하여 이번에 피해를 입게 될 중소기업에 대한 모험 자본만큼의 금액을 지원하고, 요즈마 펀드 같은 성장 투자 가능성을 열어 놓아야한다. 그래야 전체 고용시장의 89%를 담당하는 중소기업 생태계의붕괴를 막을 수 있을 것이다. 아마도 100조 원 이상, 5년 기간 이내의모험 생태계 자본이 필요할 것으로 예측된 다.

그러나 어찌되든 공정가치 평가-미래 가치 평가의 최대 피해자는중소기업이 될 것이며, 시장에서의 퇴출 역시 중소기업이 담당하게될 것이다. 10년간 정부의 정책자금 사용에 대한 산업계의 자성이필요하며, 중소기업 또한 독일식 협동조합으로의 진화 또한 필요할것이다. 즉, 구매 협동조합과 판매 협동조합으로 이원화하여 거대한협동조합 협상력을 높일 필요가 있을 것이다.

대기업, 베트남 등으로 산업생태계 전반의 자본 유출,
중고 부가가치 산업까지⋯ 산업공동화 여파 심각할 듯

현금 내부유보율이 가장 높은 대기업 집단이 내수침체와 일자리감소 현상을 외면하는 현실을 본다면, 2009년 이후 고환율로 그들이벌어들인 부와 일자리, 공장과 기자재는 다 어디로 갔다는 말인가?

결론을 말하자면 기업의 엘도라도로 모두 이동하였다. 중-미-베트남으로 계열사 협력사까지 산업 생태계 전반이 같이 나가는 모양새다. 현대자동차는 국내 생산보다 해외 기지에서 생산이 3배 이상이며, 러시아 유럽 미국 터키 등 같이 나간 업체만 600개사에 이른다. 현재 베트남에 삼성이 공장과 생산 시설 협력업체까지 합한 투자 규모는 2017년까지 20조 원을 책정하였고, 현재까지 집행된 금액만 11조 원을 넘어선다.

과연 기업의 엘도라도는 어디인가? 지금 현재 기업의 엘도라도는 베트남이라고 할 수 있다. 2009년에서 2014년까지 베트남에 투자된 돈은 510억 불이며, 진출 기업은 3,000여 개이다. 투자 건수는 4,700여 건으로 5년 이내 1만 건을 넘어 1,000억 불 투자를 넘어설 전망이다. 이 중 우리나라의 투자가 1위이며 일본이 380억 불로 2위를 달리고 있다. 중국에 대한 투자는 LG화학, 삼성SDI, SK이노베이션 등이 2차 생산기지를 모두 중국에 두고 있는 현실이다.

한국과 일본의 국력을 보았을 때, 실질적으로 일본 대비 3배에 이르는 금액을 투자하고 있는 셈이다. 베트남 수출의 20% 이상을 삼성이 단독으로 차지하고 있으며, 베트남 해외 진출 기업이 수출의 70% 이상을 차지하고 있는 상황에서 총 수출의 20%를 삼성이 담당하고 있다.

2000년 초반 한국의 중소기업을 필두로 대중 산업 공동화가 1차 여파였다면, 이번 2018년도 산업 공동화는 베트남으로 급속하게 쏠리고 있다. 이번 산업 공동화는 대중국 진출 산업 공동화와 비교가 되지 않을 전망이다. 베트남에서 한국 기업이 고용한 인력만 현재 80만 명에 이르며 2020년에는 100만 명을 돌파할 예정이다.

〈2014 한국 투자신고 상위 프로젝트(US$ 5천만 이상)〉

	기업형	분야	투자금액	지역
1	Samsung Electronics Vietnam Thai Nguyen	전자기기, 휴대폰	3,000	Thai Nguyen(북부)
2	Samsung Display	디스플레이	1,000	Bac Ninh(북부)
3	IL SHIN VIETNAM	원단생산	170	Tay Ninh(남부)
4	SI Flex Vietnam	PCB, 반도체	160	Bac Glang(북부)
5	Sunrise Phu Yen	리조트	80	Phu Yen(남부)
6	Jukwang Precision Vietnam	플라스틱 압출/성형	73	Thai Nguyen(북부)
7	E-MART Vietnam	유통업	60	Ho Chi Minh(남부)
8	KUK IL Vietnam	원단생산	55	Dong Nai(남부)
9	Dong IL Vietnam	원단생산	51	Dong Nai(남부)
10	Nexgard	강화필름	50	Binh Duong(남부)
11	Bluecom Vina	TV 스피커	50	Hai Phong(북부)

출처: 베트남 기획투자부(MPI)

2015년 기준 삼성이 제조업 부문에서 국내에 2만 개의 일자리를 창출했는데, 해외에서는 11만 개의 일자리를 창출했다. 그리고 그 대부분이 베트남에서 창출된 일자리이다. 즉, 2011~2013년 고환율로 인한 물가 고통과 저성장 고통에 낙수 효과를 운운한 것은 입에 침 바른 위정자들의 거짓말인 것이다. 고환율에 의한 이익은 해외 투자로 이동했고, 국가의 제조 산업 생태계 전반은 생산 비용이 동일하나 임금은 우리나라에 비해 10~40%에 불과한 중국과 동남아 필리핀으로 급속하게 이동 중인 것이다. 게다가 중·고 부가가치 산업의 이동이 2014년 이후 급속하게 진행되고 있다.

중국에서의 경험으로 볼 때 GNP 3,000불 이상 시 부동산 시장 가격이 급등한 것을 경험한 기업 입장에서는, 규모의 경제를 창출하기 위해 대규모 공장 부지 확보에 혈안이 되어 있다. 투자 금액 상승분에서 중소기업의 경우 기업 최소 유동비용을 제외하고는 거의 대부분이 생산 부지 확보에 혈안이 되어 있는 실정이다. 이를 감안할 때 2017년 이후 2차 해외 대규모 중 부가가치 기업의 생태계를 이전하는 시기부터 국내의 제조업 생태계 고용 환경은 급속하게 붕괴될 것으로 예측할 수밖에 없다.

중국 진출 당시 소득 수준 2,000불 초반에 진출하였다면, 이번 베트남 진출은 북한의 소득 수준과 비슷한 1,000불에서 진출하였다.

즉, 베트남은 9,000만 명의 인구로, 북한의 인구 2,600만 명과 비교할 경우 인구는 3.8배가 성장하는 시장이다. 국토의 경우 남북한의 1.5배에 달하는 규모로 세계 인구 순위 14위에 이른다. 게다가 평균 연령은 30세로, 인구의 50% 이상이 30대이다. 이런 점에서 베트남은 북한과 비슷하며, 유교 국가, 농업 국가인 것도 비슷하다. 남북통일을 가정할 때 북한 생산이 차지하는 비중의 3배를 정치적·경제적 위험성 없이 활용 가능한 시장인 것이다.

한국 기업으로서 본다면 베트남은 남북통일 이후 도시화할 수 있는 국토와 인구의 3배 이상을 가지고 있으며, 인건비가 차지하는 비중은 국내의 10분의 1.3 수준으로 생산성은 거의 비슷한 셈이다. 남북통일 이후 북한 개발과 비교한다면 4배의 경제적 가치에 이르는 것이다.

낙수 효과는커녕 특수 얻은 기업은 해외 투자로 이전, 베트남은 북한의 3배에 이르는 경제적 생산기지

현재 통일 대박 운운하는 것은 기업 입장에서는 아무런 필요가 없다. 북한의 3배에 이르는 도시화·산업기지화 국가가 베트남이기 때문이다. 즉, 베트남 전쟁 이후 베트남은 대기업과 중소기업 입장에서는 특수를 넘어 황금의 엘도라도가 열린 것이다. 2009년 리먼 사태 이후 고환율로 인해 국민이 고통받을 때, 대기업은 총 1,000조 원 이상의 특수 이익을 누렸다. 그동안 내부 유보금을 제외한 거의 모든 돈이 VIP인 중국과 베트남으로 몰려갔다. 경남기업도 베트남 특수를 위하여 기업의 명운을 걸고 랜드마크72에 투자하였다가 베트남 경제가 2012년 침체의 늪에 빠지는 바람에 기업의 파산으로 이어지게 된 것이다.

중국 투자 시의 실수, 즉 1000불 초반에 진출하지 못하면(5,000불이 넘어서면 자국의 경제 생태계를 스스로 자생하며 환경과 지역 규제가 생성된다) 안 된다는 것을 깨달아, 진출의 최적기를 1,000불에서 2,500불 사이로 보는 것이다. 중국에서 얻은 교훈을 통해 제조업과 서비스, 유동, 부동산, 건설, 토목부터 농업, 임업, 축산업, 부동산 개발, 임대, 광업, 수산업으로 급속하게 확대되는 모양새이다. 섬유, 신발, 가방, 제조업 우선으로 진출 하던 것이 전선, 전력, 물류, 운수, 휴대폰 등 서비스 시장까지 탈한국이 시작된 것이다.

2011년 이후 고환율로 인한 특수를 얻은 기업은 자국의 생산과 고용에 투자할 것이라는 낙수 효과를 기대하였으나, 결국 기업의 국제적 경쟁력 확보 차원에서 대부분 VIP(베트남, 인도네시아, 필리핀)로 이동하고 있는 것이다.

또한 베트남 이후 인접한 공산주의 국가이며 낙후 국가인 인도차이나 국가의 1억 명에 이르는 생산 가능성까지 염두에 둔 기업의 투자는 향후 약 30년 가까이를 계산한 투자이다. 이 중 베트남 투자는 앞서 말했듯이 한국의 기업 생태계 자체가 모두 옮겨 가는 모양새다.

통일은 대박이라는 말은 2013년 이후 베트남 대박으로 옮겨졌으며, 이후 중국과 인도네시아, 미국, 터키 등으로 제조 공장의 이전이 급속하게 이루어지고 있다. 2011년 이후에 투자되고 옮겨 가는 산업 생태계는 지금까지 추정하건대 일자리 80만~100만 개가 사라진 효과와 같을 것이다. 앞으로 전자부품, 식품, 통신, 백색가전, 휴대폰, 기초 소재 생산, 생활용품 업체가 대량으로 이동하여 약 100만~150만 개의 일자리가 사라질 위기이다. 이 위기는 2018년에서 2022년까지의 기간에 정점을 이룰 것으로 전망되고 있으나, 국내 언론은 이 문제의 노출을 극도로 꺼리고 있다.

한번 밖으로 나간 제조공장은 다시 돌아오지 않는다는 중국의 1차 제조업 생태계 유출의 경험에서 생각해 볼 때, 걱정하지 않을 수 없는 상황이다. 예를 들면, 중소기업 성장 신화의 대명사 락앤락은 현재 한국에 공장이 한 곳도 없다. 락앤락의 경우 2000년 초반에는 한국 생산기지와 중국의 생산기지를 혼합해 가동하였지만, 베트남 진출 이후에는 아산의 생산 공장을 중단하고, 2014년 6월에는 중국과 베트남으로 산업기지를 전면적으로 이전하였다. 국내 중소기업 신화인 락앤락이 국내 공장의 가동을 중단하고 매출 생산에 대비한 공장을 모두 베트남으로 옮겨 버린 것이다.

〈한국 기업의 對베트남 투자 현황〉

연도	2009	2010	2011	2012	2013	2014	총 누계
건수	247	325	345	332	488	684	4,110
투자액(US$, 백만)	1,661	2,356	1,466	1,178	4,293	7,327	3,723

출처: 베트남 기획 투자부(MPI)

탈한국 제조업은 2011년부터 본격적이었지만, 이번 생태계 노후화로 인한 탈출 러시는 베트남 성공 신화가 더 커질수록 그 속도가 지금보다 더 빨라질 것이다. 탈출 러시가 노동집약 산업에서 설비 중심 고부가가치 산업으로 이동함으로써 2차 베트남 산업 이탈이 저임금 일자리에서 중·고임금 일자리로 급속하게 전이될 전망이다.

이 경우 삼성전자와 LG전자, 포스코, 두산중공업 등 이미 진출하고 투자를 계속 확대하는 대기업뿐만 아니라 1, 2차 협력사도 탈한국에 동참하게 된다. 2차 설비 중심 고부가가치 생태계는 2018년에서 2022년까지 국내 제조업 공동화 현상으로 인한 극심한 구조조정이 이루어질 전망이기에 현 진출 기업 2,700여 개에서 10,000개 이상의 기업이 베트남으로 산업 생산기지를 옮겨 갈 것으로 보인다.

이로 보건대 아마도 2018년 이후부터 취업과 승진에서 베트남어 열풍이 불 것이다. 베트남어가 중국어 이후의 생존 언어로 등극할 것으로 예측된다. 즉, 취직하고 먹고살 생각이면 베트남어를 습득하는 것이 개인의 경쟁력과 미래를 위해서 좋을 것이다. 기업의 수요도 폭증 중이다.

대기업을 예로 든다면 금호 타이어부터 LG산전, LS산전의 투자 금액 규모는 상상을 초월한다. 삼성은 2008년 베트남 북부에 위치한 홍강 델타 지역의 박닌성 옌퐁공단에 휴대전화 공장을 설립했다. 연간 1억 2천만 대 규모의 생산기지를 만들어 세계 최대 규모로 생산한 이래, 앞으로 10조 원을 더 투자할 전망이다. 베트남 타이응웬성에 휴대폰 생산설비 확충을 위한 30억 달러 규모의 생산기지 착공도 베트남 정부의 승인을 받은 상태이다.

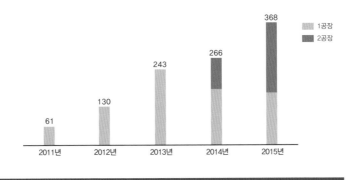

*출처: 삼성전자 공식 블로그(단위: 1억 달러, 완제품 기준)

현재 베트남에서 생산된 매출액만 5년간 1,088억 달러이며(122조 원) 2015년 매출액만 368억 달러에 이른다. 여기에 앞으로 10조 원이 더 투자될 전망이니, 계속되는 생산기지의 증가로 인한 삼성 2차 벤더들의 국내 탈출은 불 보듯 뻔하다. LG기업은 백색 가전 등의 생산기지에만 15억 달러를 투자하겠다고 선언하였으며, 이 경우 국내에 남아 있는 광주의 백색가전 제조공장은 거의 대부분 베트남으로 이동하게 된다.

구미와 광주의 산업생태계는 2020년 이후 생존 자체가 어려울 듯하다. 요즘 국회의원들이 일자리가 400만~500만 개가 사라질 것이라고 하는 말은 결코 허언이 아니다. 제4차 산업혁명으로 인한 석박

사급의 일자리 연구소기업 1,000개 창출 운운은 국민들의 삶의 현실을 무시한 발언일 뿐이다. 2018년 이후 설비 중심 고부가가치 산업의 집단 이주가 가속화될 경우 그리고 유통 서비스까지 개방될 경우 한국 산업의 생산기지 전반이 베트남으로 옮겨 가는 형태가 될 터이다. 국내의 노후화된 산업 생태계 전반이 흔들리는 정도가 아니라, 이를 기반으로 한 지방 산업 단지들과 인근 부동산 등 내수 침체의 여파는 매우 심각할 전망이다. 아마 2000년 초반의 중국 진출로 인한 산업 공동화와는 비교가 되지 않을 것이다.

산업공동화 속에서 기업 또한 양극화될 것, 침체기 대규모 유보금으로 기업 사냥 시작될 것

한국의 기업 문화는 어떤 특징이 있는가? 특히 그중 재벌은 우리에게 무슨 의미이며 어떻게 삶을 지배하고 있는지 한번 묻고 싶다. 재벌은 60년대 적산불하에서 시작된 독점적 지위를 통한 성장에서 시작되었다. 70년대 중공업 산업화를 통하여 이러한 독점적 지위는 확장되고 성숙되어 갔으며, 80년대까지 꾸준한 성장을 이루었다. 그러나 계획 경제를 포기하고 경제 자본화를 시작한 이후 90년대까지 성장 가도를 달렸고, 신자유주의 초기에는 금융 시스템 몰락을 겪었다.

영광과 몰락을 더불어 겪어온 것이다. 그리고 IMF 이후 지금까지 기업은 이익의 사유화와 손실의 사회화 과정을 추구해 왔다(미국 대비 사주 이익 추구율 9배, KDI 자료 참고).

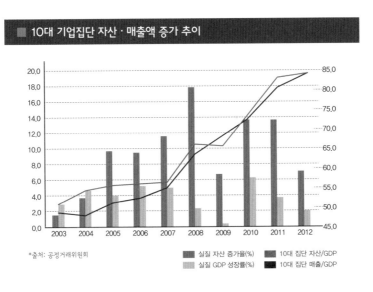

10대 기업집단 자산·매출액 증가 추이

*출처: 공정거래위원회

■ 실질 자산 증가율(%)　■ 10대 집단 자산/GDP
■ 실질 GDP 성장률(%)　■ 10대 집단 매출/GDP

그로 인해 지금은 기업도 양극화되어 가고 있는 시점에 서 있다. 2018년 시작되는 신금융 시스템(바젤3)에서는 산업의 공동화 속에서 양극화가 진행될 것이다. 지금까지 재벌의 배타적 독점성은 노동 환경은 물론 한국의 정치와 법률 그리고 개인들의 삶에까지 지대한 영향을 미쳐 왔음을 부인하지 못할 것이다. 재벌은 전력, 가스 등 기간산업망의 민영화까지 말하고 있다. IMF 이후의 재벌을 대변해 왔다고 할 수 있는 한국경제연구원의 경우, 자유시장을 주장하면서도 대기업이 IMF 같은 위기에 빠지면 정부의 시장 개입을 주장하는 이중성을 보여 왔다.

우리에게 보이는 재벌가의 일반적인 상식론은 이중적이다. 재벌가의 중소기업 노동시장의 하청, 금산법 폐지 주장은 물론, 군 면제, 원정출산, 상속세 탈루는 이제 흔한 이야기가 되었다. 게다가 이제 재벌 4세의 일부는 검은머리 외국인이 되어 종종 언론에 오르내리고 있다. 이들이 누려 온 것은 정부의 전폭적 시장 지원 속에서 가능했다. IMF가 수출 적자 속에 저환율 정책에 의한 위기였다면, 2008년 리먼 사태 이후 재벌이 누려 온 혜택은 고환율을 통한 것이었다. 국가의 금융 위기라는 것은 철저히 독점적 지위의 기업 수출을 위해 국민의 내핍적 고통을 감내해 온 것이나 다를 바 없다.

그러나 이러한 재벌 특권의 문화를 정성적인 문화로 규정한다면 (이념이나 목적에 의한 대의명분) 앞으로의 IFRS-9 바젤3의 규정은 정량적인 문화로 규정할 수 있다. 정성적인 문화가 쉽게 사회 계층의 계급을 신용화한다면 해외 자본 시장의 정량적 평가는 철저한 시장 가치로의 평가만을 기준으로 둘 뿐이다.

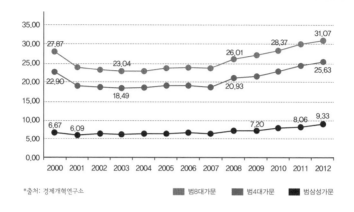

■ 주요 재벌 가문의 자산 집중도 추이 (단위:%)

*출처: 경제개혁연구소 ■ 범8대가문 ■ 범4대가문 ■ 범삼성가문

    따라서 한국의 재벌로 규정되는 30대 대기업 집단은 두 가지 집단

으로 양극화될 것이다. 그 하나는 평가 체계에서 도태된(산업공동화

현상으로 시장에서 퇴출을 기다리는) 기업 집단 그리고 다른 하나는 대규

모 유보금(5대 대규모 기업 집단의 유보금은 잠정적으로 700조~870조 원으로

추정하고 있다)을 보유한 집단으로 구분될 것이다. 전자는 대규모 구

조조정 기업 살생부 명단에 이름을 올리게 되는 것이며, 후자는 IMF

시절처럼 퇴출된 대기업 집단의 인수를 하는 수순을 밟게 될 것이

다. 문제는 과연 앞으로의 바젤3 모멘트(산업공동화 현상 속에서 신금융

시스템의 혼란상황) 속에서 살아남은 대기업 집단의 몸집이 어떻게, 또

얼마만큼 커지고 어떠한 현상으로 우리의 삶을 지배할 것인가 하는

점이다.

우선 이 시스템의 가장 큰 장점이자 단점은 크게 두 가지가 있다. 하나는 시장 시가로 평가한다는 점이며, 두 번째는 공정성을 평가하는 방식이라는 것이다. 시가로 평가한다는 것은 현 시장 가치로 평가한다는 것이므로, 공매나 경매 시장을 떠올린다면 크게 다르지 않을 것이다. 공정성 평가라는 것은 말 그대로 공정하게 가치를 평가한다는 것이다. 이럴 경우 지금까지 정성적 평가로 그나마 생존을 영위하던 기업들은 이번 신금융 시스템(2018년 IFRS-9)에서 은행으로부터 '적정'에서 상당 부분 '요주의' 위험 부분으로 분류될 가능성이 높다.

대기업들은 2000년대 이후 양적으로 성장해 왔으나 사회·경제적 갈등 구조에 노출되면서 기업 간 양극화가 심화되고 있다. 또한 2002년 노동 유연화 이후 대규모 노동자가 유입되고 비정규직이 40% 이상 늘어났다. 대기업 집단은 엄청난 유보금 수익이 늘어나고 있는데, 가계의 소득은 감소하고 노동시장에서 퇴출된 노동자는 '최대 97만 창업-84만 퇴출'의 길을 걷고 있다. 즉, 고용의 질이 저하됨으로 인해 가계소득은 감소하고 내수가 위축되고 있는 것이다. 유통 재벌의 골목상권 침투로 내수의 소비 경제 활동은 위축되고, 빈민층이 한 해 30만~50만 명 늘어나는 등 극심한 갈등에 처해지게 되었다. 그 기폭제 역할은 한 것은 이명박 정권의 고환율 정책으로, 물가 폭등을 더욱 부채질하였다. 이 기간 동안 국내 5대 재벌은 평균 70% 이상 자산이 증가하였고, 2010~2013년 기간 동안 법인의 수는 약 2배로 증가하였다.

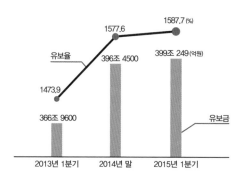

■ 5대 그룹 평균 유보금 및 유보율 추이 (1분기 말 기준)

유보율
1473.9
1577.6
1587.7 (%)

366조 9600
396조 4500
399조 249 (억원)

유보금

2013년 1분기 2014년 말 2015년 1분기

*출처: 금융감독원

문제는 지금 부실 원인 중 하나인 은행 부실 채권 증가의 주범이 대기업이라는 점이다. 5대 그룹 평균 유보율만 1,600%, 쌓아 온 돈만 400조 원이다. 부실 채권은 2014년보다 2015년 18% 이상 증가하였는데, 대기업 부실 채권이 급증하며 은행의 부실 채권도 천문학적으로 증가하고 있다.

금감원의 발표에 의하면, 부실 채권 총 규모는 2015년 28조 5천억원인데 기업의 부실 채권은 26조 원 규모로 전체의 90%를 상회한다.

즉, 언론에서 말해 온 한국의 경제 위기는 가계 부채 위기가 아닌 기업 생태계의 경쟁력 약화라는 점이다. 이는 5년 전부터 본격적으로 진행되어 왔다. 이번 IFRS 측정 시 부실 채권의 예측 규모가 1.5배에서 2배로 증가한다는 논문의 추정으로 따져 본다면, 2018년경 부실 채권 규모는 쉽게 40조 원을 넘어설 것이다. 2012~2015년 100조 원의 부실 채권 발생 중 가계의 부실 채권은 10% 이하라는 점에서 기업의 부실화는 국민이 덮어쓸 가능성이 농후하다.

2015년 금감원 발표로 본다면 그해 조선업(13%), 건설업(4.3%)에서 부실 채권이 급격히 증가한 것을 확인할 수 있다. 2018년 부실 모형으로 짐작할 경우, 결국 산업 생태계 노후화로 인한 대규모 실업 사태가 은행 부실 채권 규모를 폭발적으로 증가시킬 것이라는 것은 쉽게 예측 가능할 것이다.

그럴 경우 과연 얼마나 증가할 것인가? 논문들은 최하 1.5~2배로 예측하고 있으며, 이 경우 2012~2015년까지 약 100조 원 규모의 은행 부실 채권이 발생하게 된다. 그중 기업에서 90%가 발생하였다면, 이번 시스템이 중소기업과 고령가구 가계를 모험 자본으로 인식할 경우 이 금액은 더욱 증가할 것이다. 결국 2018년 한 해에만 최하 40조 원 규모의 부실 채권이 발생될 것인데, 대규모 구조조정에 의한 실업사태로 인해 가계 부실 채권과 중소기업 채권도 증가하는 여파의 영향으로 나타나게 된다.

하지만 10대 재벌의 유보율은 2000년 이후 천문학적으로 증가해 왔다. 특히 이명박 정권 이후 낙수 효과 운운과 박근혜 정권 초입의 대규모 투자 약속은 모두 공염불이 되었다. 이들 상장사 유보율은 현재 1,500%를 넘어서고 있다. 즉, 기업의 부익부빈익빈 현상으로 인해, 이들 대기업들은 2018년 신용평가 시스템 작동으로 인한 대규모 파산의 영향에서 자유롭다는 이야기이다. 10대 재벌 70개사로 한정된 기업의 유보율만 450조 원이다. 일례로 유보율 1위인 롯데의 유보율은 5,700%를 넘어서고 있으며, 5대 대기업 집단의 평균 유보율만 1,600%를 넘어선다. 즉, 5대 재벌가는 이 평가 시스템에서 거의 완전히 자유롭다.

문제는 이 기간 대기업과 중소기업 간의 수익 양극화가 하도급형 사업구조를 가진 중소기업을 생존형 한계 기업으로 양산해 왔다는 점이다. 일례로 10대 재벌 기업 집단의 순이익은 전체 기업 집단의 총수익의 30%가 넘는 반면, 고용은 전체의 2% 수준에 그치고 있다. 이러한 경제 생태계는 중소기업이 이번 위기에서 왜 생존이 불가능한 상태가 되는지 극단적으로 보여 준다.

고환율 사태로 인한 수익성 양극화로 자본의 국제화 과정이 급속하게 진행되었다. 하청 업체로 전락한 나머지 기업들은 이번 산업공동화 현상으로 인해 금융 시스템 혼란기에 대규모 퇴출이 예고되어 있다.

2009년 기업에서 도입된 국제회계기준 IFRS 평가 시스템은 은행부터 보험 등 전 분야에 걸쳐 진행되고 안착될 것이기 때문에, 거래 활성화 기간에 형성된 공정가치의 측정에 따라서 기업의 존폐가 결정된다. 결국 1980~1990년대 경제 생태계 시스템에 있던 대다수의 기업들은 이미 경제 생태계상 노령화 단계에 진입하였다고 판단, 대기업 집단은 한국에서 집단 탈주할 가능성이 있다.

문제는 산업 공동화 현상이 가속화되어 경제 성장기 최대의 수혜를 본 대기업 집단이 해외 전지기지로 이전된다는 점이다. 이로 인해 2018년 이후에는 국내 고용률 하락, 대규모 실업 사태, 중견-중소기업 대규모 부도 사태가 나타날 것이다. 최근 발생하고 있는 한계 기업의 자산 비중 증가는 대부분 대기업의 부실에 기인한 것으로 나타난다. KIS-Data에 집계된 개별 기업의 재무 정보를 토대로 측정한 한계 기업의 자산 비중은 2010년 6.2%에서 지속적으로 증가하여 2014

년 말 기준 전체 기업 자산의 10.2%를 차지하는 것으로 나타났다.[10]

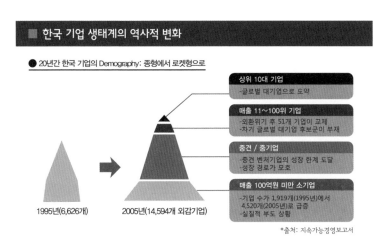

KDI에서 발표한 '부실 대기업 구조조정에 국책 은행이 미치는 영
향'에 따르면 중소기업의 한계 기업 자산 비중은 2010년 3.0%에서
2014년 3.3%로 0.3% 증가하는 데 그친 반면, 대기업의 한계 기업 자
산 비중은 동 기간 3.2%에서 6.9%로 큰 폭으로 증가하였다. 글로벌
금융 위기의 충격으로부터 벗어난 2010년 이후 주로 대기업에서 한

---

10   소득 분배의 악화는 중상층 몰락의 가속화, 빈곤층의 전세대별 확대화를 초래하고 있
     다. 그리고 노동 생산성의 향상보다는 은퇴 공포 마케팅에 의해 전 사회 분야로 퍼져
     간 불로소득에 대한 갈망이 더 커지면서 전체적인 노동 생산 경쟁력을 상실해 가고 있
     다. 구조적 문제로는 13개 주력 성장 동력의 상실, 저출산과 고령화 문제의 현실화, 산
     업과 노동의 구조적 문제, 생산성 하락에 의한 경기 침체, 중상층 가계 대출 증가 현상
     과 부동산 시장의 거품 붕괴의 파고 현상, 대내외 금리 차에 따른 자본 유출입의 위험
     성 대두 등을 들 수 있다. 이러한 것들은 이미 우리가 현실적으로 겪고 있는 문제이기
     도 하다.

계 기업이 증가하였다는 사실은 대기업에 대한 구조조정 노력이 상
대적으로 미약하였음을 시사한다.

　기업의 구조조정은 이미 시작되었으며 2018년 IFRS-9이 은행에
서 전면적으로 시행될 경우, 대규모 기업 집단의 특성상 주요 기업은
2017년까지 대부분 구조조정 마무리 단계에 접어들게 될 것이다. 그
리고 이후 은행을 통한 대규모 기업 구조조정이 2018년 이후부터 급
증할 것이다. 이 경우 이른바 외부에 의한 1998년 이후의 대규모 기
업 퇴출과 유사한, 은행에 의한 대규모 기업 퇴출이 진행된다.

〈규모별 한계 기업 자산 비중〉

	2010년(A)	2014년(B)	증감(B-A)
대기업	3.2	6.9	3.7
중소기업	3.0	3.3	0.3
합계	6.2	10.2	4.0

출처: KIS-Data, 대기업과 중소기업에 대한 분류는 KIS-Data 기준임

　현재 신한은행은 기업 대출 부실화에 대해 가장 능동적으로 대처
하고 있으며, 그 비율은 현 AN시스템 평가의 경우 0.8%에 불과하
다. 농협의 경우 2.27%에 이르고 있다는 점에서 국책 은행 왕국의 부
실화를 여실하게 보여 주고 있다. 그러나 IFRS-9 시스템의 경우 이
비율은 시장 성장 가능성의 잠재 부실 우려를 놓고 볼 때, 지금보다

2~3배 높게 나타난다고 대다수 전문가들은 예측하고 있다. 이러한 대규모 기업 집단의 부실이 은행의 건전성 자체에도 심각한 위협이 될 것이라는 우려가 현실화될 가능성이 매우 높다.

2014년 KDI 보고서를 기초로 놓고 본다면 대기업 잠재 부실이 결국 은행의 건전성에 큰 영향을 미칠 것인데, 그 우려는 2018년 무렵 현실화될 것이다. 부실화된 기업의 구조조정이 어떻게 진행되어 왔는가를 본다면 근간의 미래를 예측할 수 있을 것이다. 1998년 이후 은행을 중심으로 한 구조조정 여파를 고려해 본다면 앞으로 진행될 수순을 예측할 수 있다. 대규모 기업 퇴출이 진행되는 동안 대규모 실업자 발생, 자산 붕괴 현상, 부실화된 은행의 퇴출 수순으로 진행될 것이다. 대규모 공적자금의 투입과 10대 재벌가의 저평가된 기업에 대한 대규모 인수 합병이 이루어질 가능성이 매우 높다.

5대 재벌가는 고용에서 차지하는 비중이 2% 내외에 불과하지만, 대규모 내부 유보금을 통해 기업 인수에 손을 뻗을 것이다. 이로 인해 경제력 집중과 독점은 더더욱 심화될 것으로 보인다. 우리는 2018~2020년 기간 재벌가의 독점을 막을 어떠한 대책도 없다. 그리고 대규모 부채 공습 속에서 과도한 경제 집중과 독점을 막아 낼 국가의 자체적인 역량 및 시스템 또한 거의 없다.

결국 지금 재벌가가 삶에 미치는 영향보다 앞으로 경제적인 집중과 독점을 통해 삶에 미치는 영향이 더 크고 강해질 수밖에 없다. 국민의 투표권이 아닌 용인된 세습 권력에 의한 재벌가의 입김에서 어느 분야도 벗어날 수 없는 신재벌 시대의 개막이 목전에 와 있다.

6.7% 고용의 창출로 이익의 30% 이상을 독점히고 수출 매출의 60% 이상을 차지하는 대기업 집단이 만약 고용은 그대로인데 수출의 80% 이상을 차지하는 사회가 된다면 우리 삶은 어떻게 될 것인가? 경제력이 소수 독점 체제에 의하여 장악된 어느 국가도 중진국 이후 성장한 역사적 사례는 없다. 독일, 북유럽, 미국이 이러한 성장 정체와 한계를 벗어나기 위해 길고도 지루한 정치 경제적 여정을 걸었다. 결국 그들은 국민적인 합의에 의하여 지금의 정치 경제 시스템을 만들었고 변화하는 세계 속에서 국가의 생존과 번영을 지속하고 있다.

그러나 한국은 IMF 외환 위기를 극복하는 과정에서 국민들에게 책임과 부채를 떠넘겼다. 그로 인해 공동체 문화가 상당 부분 파괴되는 과정을 겪어 왔다. 지금 바젤3 시스템에 의한 금융 구조조정 과정에서는 IMF 시절에는 겪지 않았고, 그나마 믿고 의지하던 가족신화의 문화가 붕괴되는 과정을 겪을 것이다.

바젤3 모멘트 가족신화의 붕괴현상을 초래할 듯,
많이 가진 자가 모든 것을 다 거머쥐는 사회가 될 것

한국의 가족신화 문화는 가족이라는 개념을 8촌 이상으로 확대하여 가족의 구성원으로 인정한 사람이 속한 조직에 대해서 자신도 동일시하는 한국만의 문화이다. 즉, 가족 중 누가 검사, 대기업에 일하고 있다면 자신도 같은 소속감을 갖는 한국의 독특한 정체성이다. 이번 위기의 진행 과정은 노후화된 경제 생태계의 급격한 붕괴-구조조정 진행-대량 실업사태 발생-은행의 신용 재정립-기준 미흡 기업·가계 파산-자산 붕괴 현상을 겪을 것이다. 결국 극단의 양극화는 한국의 가족신화마저도 붕괴시켜 개인주의화시킬 것이다.[11]

이 위기는 결국은 모두가 알고 있으나 아무도 말하지 않는 현상일 것인데, 모든 경제 주체 중 신용 기준에 맞지 않는 기업과 개인은 살

---

11 일본과 같은 존속 폭행과 살해 증가 현상은 이미 한국의 자본 시장 침체기부터 나타나기 시작하였다. 2012년 956건이던 존속범죄는 2013년 1,092건, 2014년 1,146건, 2015년 1,853건, 2016년 2,180건으로 매년 늘었다. 지난해에도 1,962건이 발생해 최근 5년 사이 2배가량 증가한 것으로 집계됐다. 2015년 발생한 존속범죄의 유형별로는 존속폭행이 1,322건으로 전체 67.4%를 차지해 가장 많았다. 지역별로는 서울이 418건으로 가장 많았고, 경기남부(415건), 인천(144건), 경기북부(122건), 강원(95건) 등이 뒤를 이었다. 경찰이 별도 통계로 관리하는 존속살해 피의자는 2013년 49명, 2014년 60명, 2015년 55명, 2016년 55명, 지난해 47명 등 최근 5년간 총 266명으로 집계됐다. 매년 50명 안팎의 존속살해범이 발생하고 있으며, 2018년 기준 자살자는 10% 증가하고 있으며, 2014년 측정 존속 폭행 및 살해는 60% 가까이 증가하였다.

아남기 위해서 하루하루를 버티기 힘든 시기가 곧 다가올 것이라는 점이다. 그러나 5대 재벌가 및 자산가들에게는 이 기간이 기회로 여겨진다. 이를테면 한국 전쟁이 한국에는 큰 어려움이었으나 일본에는 경제 부흥의 기회가 되었으며, 베트남 전쟁 또한 베트남의 피해와 별개로 한국의 기회가 되었듯이 말이다. 결국 그들은 이러한 위기를 큰돈을 따낼 거대한 포커판으로 여기고 있다는 것이다.

〈만성적 한계 기업에 대한 신용 공여 현황〉

항목	기업 규모별 신용 공여액			업종별 구성비							
	전체	대기업	중소기업	운수	조선	부동산	건설	전기전자	도소매	철강	기타
단위	조 원	조 원	조 원	%	%	%	%	%	%	%	%
2015.6	101.5	69.3	32.2	18.6	16.8	15.1	13.5	5.4	5.1	4.2	21.3

출처: 금융안정보고서

결국 이렇게 된다면 이번 IFRS-9가 시사하는 바는 많이 가진 자가 모든 것을 다 거머쥔다는 것이다. IMF를 겪은 이후 자산가와 투자가들은 모두 알고 있다. 결국 신용등급이 하락하는 기업과 개인은 이 자본의 포커판에서 이길 수 없는 게임을 할 수밖에 없다. 그들은 많이 가진 자가 모든 것을 다 가진다는 의미를 경험적으로 너무나도 잘 알고 있다.

문제는 10대 재벌가의 504조 원에 달하는 내부 유보금뿐만이 아니다. 시장에 풀린 화폐 회수율이 26%에도 미치지 않고 있는, 연 15조 원의 5만 원권 지폐가(2014년 기준) 그것을 보여 준다. 이러한 사태를 아무도 예측하고 있지 않다고 누가 단언할 수 있을 것인가? 결국 재벌가 그리고 한국의 준비된 자본 자산가들에게 이 위기는 시장에서 기업이든 자산이든 헐값으로 살 수 있는 시기일 뿐이다. 다수의 공기업과 대기업, 중소기업은 정량적인 평가 방식을 공정성 게임이라는 이름으로 강제적으로 받아들이며 처분을 기다릴 수밖에 없을 것이다.

IMF 시절 기업을 성장시킨 오너들은 자수성가를 한 세대들이었다. 그들은 기본적인 눈치와 도덕적인 평가에 대해서 자유로울 수 없는 세대였지만, 이번 위기를 대하는 세습된 재벌가는 이러한 사회적 시선에서 자유롭다. 그들은 창업을 하거나 자수성가한 집단도 아니며, 성인 남녀의 20%는 이중 국적자에 해당한다. 그로 인해 국민으로서 국가에 대한 일체감이 현격하게 낮다. 결국은 기존에 우리가 보던 재벌가 사람들과 전혀 다른 문화의 소유자라는 것이다. 자본의 위기를 자본으로 넘기는 사례에 대해서 철저하게 교육받고 살아오면서 자본의 논리를 습득한 계층이기 때문에, 이 위기에서 그들이 행동하고 말하며 요구할 것은 분명할 것이다.

그들은 필요한 사람이 우물을 팔 것이라는 세상의 진리를 가장 어린 시절부터 경험해 왔다. 이 위기가 그들 입장에서는 기업의 생존과 기회로 인식될 것은 너무나 자명하다. 대기업과 중견기업 그리고 개인들 모두가 판돈을 꺼내들 시기에 누구를 비난할 수 있다는 말인가?

국가는 지난 시기 노동 시장 유연성이라는 명분으로 노동사의 46%를 비정규직으로 추락시켰다. 앞으로 그들의 노동가치 또한 기업이라는 집단에 소속되면 새로운 평가 문화를 강제적으로 받아들이게 될 것인데, 그것이 성과 연봉제, 성과측정 공정 가치 측정이라는 굴레로 들어가게 될 것이다. 대부분은 이러한 평가의 굴레에서 살아남기 위해서 또 다른 새로운 발버둥을 칠 것이다. 그러나 공기업이든 대기업이든 중소기업이든 이 평가 방식에 대해서 국제적 기준이라는 이름으로 모두가 받아들일 수밖에 없다.

결국은 어떻게 적응하고 생존해 나갈 것이냐인데, 이 신금융 신용 시스템 평가기간 동안 사회는 엄청나게 변화할 것이다. 그리고 그 혜택은 준비된 자들의 축제로 연결될 것이다.

BASEL III MOMENT

IFRS-9 도입과
은행

한국에 적용되는 이번 신금융 시스템은 금융의 진화 과정에서 파생된 결과물이다. 은행 시스템은 보수성과 개방성, 이 양방향으로 진화해 왔다. 즉, 기술의 진보와 제도의 진보가 결합된 시스템의 결과물이다. 과연 이 시스템이 우리나라에 안착되고 적용될 수 있을까? 그리고 우리는 어떻게 시스템에 적응해야 할 것인가?

바젤3는 시스템의 보수성이 진화한 결과물이다. 은행의 건전성을 공정가치로 평가하여 시장의 혼란을 방지하겠다는 것이 그 취지이다. 인터넷 화폐는(인터넷 연결망 블록체인 기술로 높은 보안성과 빠른 속도, 비용 절감이 특징이다) 개방성으로 진화해 왔으며 대표적인 것이 비트코인이다. 보수성은 기술 진보의 결과물로 우리 대부분의 금융은 제도권의 영향 아래에 있는 것이다.

  이번 바젤3는 그러한 기술적인 진보가 국제적인 합의로 제도화된
것이다. 자본 시장의 국제화로 인하여 전 세계적으로 단일 기준으로
작성된 신뢰성 있는 재무 정보의 요구를 충족해야 하는 것이다. 그
리하여 국제 회계제정기구인 국제회계기준위원회(IASB: International
Accounting Standard Board)에서 통일된 국제회계기준(IFRS)으로 기업,
은행, 증권 등 거의 전 분야에 걸쳐 공정가치(시가평가) 방식을 적용하
게 된다.[12]

---

12 바젤3: BCBS는 은행의 건전성 및 금융 시스템의 안정성 제고를 위해「은행의 지배구조
    원칙(Corporate Governance Principles for Banks, 이하 '바젤기준' 또는 '바젤원칙')」을 개정하였다
    (2015년 7월 발표).
    기업 지배구조는 공공의 이익과 부합하는 범위 내에서 기업의 지속가능성을 보장하고
    이해 관계자들의 이익을 보호하는 역할을 수행한다.
    기업 지배구조란 회사의 이사회, 경영진, 주주, 기타 이해관계자 사이의 일군의 관계로
    서 회사의 목표 설정, 목표 달성 수단, 성과 모니터링에 필요한 구조를 제공하고, 권한
    및 책임의 분배 및 의사결정 방식을 결정한다. 금번 기준은 이사회의 은행 감시 책임과
    위험지배구조(risk governance)의 기능을 강화하는 것이다.
    위험지배구조란 이사회 및 경영진이 ① 전략 및 위험 관리 방법을 결정하고, ② 전
    략 대비 위험 성향 및 위험 한도의 적정성을 모니터링하고, ③ 위험을 식별·측정·관
    리·통제하기 위한 지배구조 시스템이다.
    바젤 기준은 국가별로 법률 및 규제 체계 등이 다양한 점을 감안할 때 실제 적용 시에
    는 국가별로 조정이 필요하고, 동일 국가 내에서도 은행 규모, 업무의 복잡성, 위험 프
    로파일(risk profile), 영업 모델 등에 따라 은행별로 달리 적용될 수 있다는 점을 강조, 특
    정 시점에서 평가한 기업의 위험 익스포저(risk exposures) 바젤 기준은 중요 은행의 경
    우에는 국내외 금융 시스템의 안정성에 미치는 잠재적 충격에 상응한 수준의 지배구조
    체계와 관행을 구축해야 한다는 점을 강조하고 있다.

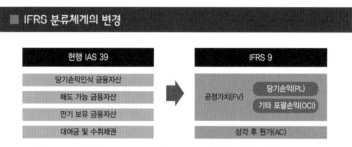

■ IFRS 9의 Roadmap

	2016.1	2017.1	2018.1
이슈 파악 및 영향분석	관련 시스템 구축 및 TEST	현행 IAS 39와 IFRS 9 병행 운용	IFRS 9 실시

*출처: 삼일회계법인 세미나, 개정 IFRS 9(금융상품), IFRS 4(보험계약) 도입 영향 및 대응 방안

■ IFRS 분류체계의 변경

현행 IAS 39		IFRS 9	
당기손익인식 금융자산		공정가치(FV)	당기손익(PL)
매도 가능 금융자산			기타 포괄손익(OCI)
만기 보유 금융자산			
대여금 및 수취채권		상각 후 원가(AC)	

*출처: 삼일회계법인 세미나, 개정 IFRS 9(금융상품), IFRS 4(보험계약) 도입 영향 및 대응 방안

한국의 경우 IFRS-9(은행)가 2018년 1월 1일 전 은행에서 전면 시행에 들어간다. 미국은 이미 2008년 리먼 브라더스 사태 이후 제도 개혁에 착수하여 제도적으로는 도드-프랭크법(Dodd-Frank Act)을 통한 실행 방안인 '볼커룰(Volcker Rule)'을 기술적으로 확립하였다.

이렇듯 미국 및 북미 유럽은 착실하게 이번 신금융 시스템에 대해서 대비하여 왔다. 한국 또한 이번 신금융 시스템의 혼란을 방지하고자 2017년 DSR과 베일인제도, 베일아웃제도를 시행할 예정이며, 2016년 하반기에는 대부업법에 있어 최고 금리가 종전 연 34.9%에서 27.9%로 하향 조정하는 입법이 상정되었다. 이 경우 대부업을 사용하는 300만 명이 혜택을 볼 전망이다.

문제는 IFRS-9 시행 후 은행에서 거래가 정지될 신규 고객이 기업 구조조정 여파와 실업 등으로 현재보다 20% 이상 증가할 전망이라는 점이다. 즉, 숫자로 보면 300만 명 이상 증가될 예정이다. 그렇기에 이러한 대부업 금리 조정은 2018년 신금융 시스템의 신용 구조조정을 준비하기 위해 수행하는 단계로 보아야 할 것이다.

2015년 금융감독원 발표 자료를 보면 앞으로 은행 구조조정이 어떻게 진행될 것인지 예측할 수 있다. 주목할 것은 2015년 금감원 기준을 부문별로 보았을 때, 기업 여신 부실 채권이 29.2조 원으로 전체의 대부분(93.3%)을 차지하고 있으며 가계 여신(2.0조 원), 신용카드 채권(0.2조 원)은 일부에 불과하다는 점이다.

부실 채권 급증이 해운과 조선의 구조조정 기간 동안 급증했다는 점은 은행의 평가 시스템이 바뀌는 2018년부터 은행의 부실 채권이 더 늘어날 것을 예상하게 한다. 지금까지 7~9% 차지하던 가계 여신 부실 채권이 실업 및 대규모 자산의 시가 평가와 중소기업 부문의 은행 신용 여신 급증으로 크게 늘어날 전망이다. 180여만 명의 신용 공여 집단 생성과 산업생태계 붕괴 현상의 가속화 그리고 미래예측모형마저 은행 시스템의 변화로 개인의 신용강등이 이루어진다면 가계 여신의 부실비율은 천문학적으로 증가할 것이다.[13]

2017년 초부터 선제적으로 175곳이 구조조정에 들어갈 예정이다. 문제는 시중 은행에 대한 중소기업 의무대출 기준(45%)을 지켜 온 국책 은행의 부실은 더 증가할 전망이며, 같은 기간 시중 은행은 의무대출을 지킨 곳이 단 한 곳도 없다는 점이다. 2012년 한국스탠다드차타드은행이 19.6%, 이어 하나은행 29.3%, 외환은행 30%, 한국씨티은행 30.4%, 신한은행 35.8%, 국민은행 36.3%, 우리은행 38.8% 등이다. 국책 은행으로 갈수록 의무 대출 비중이 커져 기업은행은 89%를 상회하며 동 기간 저축은행, 신협, 새마을 금고의 영업은 중소기업 대출로 집중되어 왔다. 이 기간 국책 은행과 신협, 수협, 새마을금고 등의 대출 비중이 확대되었다는 것은 의문스럽다. 중소기업 신용 위험성 평가로 본다면 과연 민간 은행은 2018년 1월 1일의 정성적 평가가 모두 시가평가(공정성 가치 평가)로 이행되는 것을 모르고 중소기업 자본에 대한 대출과 잠적 대기업 대출을 최대한 축소해 왔

---

13 국책 은행 정부손실보전 은행을 말한다. 한국수출입은행, 한국산업은행, 중소기업은행이 정부 출자 금융 기관이다. 이른바 보증과 관치로 2022년경 대규모 손실은 불가피하다. 국책 은행들의 특별법에 손실금 발생에 대한 정부의 보전 의무가 명시, 한국수출입은행법 제37조, 한국산업은행법 제44조, 중소기업은행법 제43조로 되어 있다.

는지 의문을 가질 수밖에 없다.

5단계 평가 방식 중 지금 대부분의 정성적 평가에 의한 등급 '정상' 분류가 신용 평가 시스템에서 대부분 '요주의'로 바뀌게 되며, 그 경우 지금의 대손충당금보다 최대 8.23배 더 쌓아 놓아야 한다. 국제적인 바젤3가 시행되면 은행 회계기준을 국제적으로 공시해야 하는 은행 입장에서 이것은 거의 생존에 직결되는 문제이다.

외국계 대주주 민간 은행일수록
부실률 상대적으로 낮아

민간 은행은 이 사태를 이미 수년 전부터 예측해 왔으며 나름대로 준비하고 있었던 것으로 보인다. 그러나 국책 은행은 국내외의 경기 침체, 부실 대기업과 중소기업 부도 시 대규모 실업 사태로 인한 사회 정치적인 책임에서 자유롭지 않기 때문에 이번 사태에 미온적으로 대처해 온 것으로 보인다.

대손충당금 규모가 8배 이상 증대될 위험성이 있는 기업이 외감법상 2,000여 곳에 이르며 가계 대출이 '요주의' 등급으로 분류될 가계가 120만 가구, 금액으로는 180조 원 이른다. 이는 앞으로의 사태가 걷잡을 수 없이 번질 수 있다는 것을 보여 준다. 게다가 금융에 의한 대규모 구조조정을 앞두고 있기에 어떻게 어느 규모로 어디까지 그 파장이 미칠지 알 수가 없다.

2018년 1월 1일 이후 중소기업 부도 사태의 예측이 그 하나가 될 것이며 동기간의 대규모 실업 대란으로 인한 가계 부채 대출 부실화도 예측 가능하다. 180여만 명의 가계 대출 부실 징후가 200조 원이다. 금감원과 채권은행의 종합신용 평가 결과는 충격적이다. 100억 이상의 이자 보상비 1 미만을 파악 결과, 기업은 1,934개 업체, 영업 적자는 1,609곳 등으로 은행의 대손충당금 규모는 지금 현재 추산하기가 너무 복잡하다(2016년 기준).

부실 채권은 2011~2015년간 100조 원가량 증가해 왔다. 2017~2020년까지의 부실 채권 규모는 부실 채권의 사각지대인 가계 대출의 이자를 포함할 경우 이전 기간의 1.5배, 2배 이상으로(IFRS-9 시행 바젤3 적용) 추산된다. 여기에 잠재적인 대손충당금 위험성을 더하면 앞으로 부실 채권 규모 금액은 어림잡아 200조 원 이상이 발생할 것으로 예측된다. 동 기간의 부실 채권이 더 크게 대손충당금 적립금을 요구한다는 것을 제외하더라도, 현재 국내 은행 17개의 주요 자본 금액은

173조 원으로 위기 기간의 대규모 은행 구조조정은 불가피할 전망이다. 결국 은행에서 100조 원 정도의 추가 적립이 있을 것으로 예상된다. 2015년 국책 은행에 대해 10조 원 적립이 국회에서 발의되었다는 사실을 상기할 때, 앞으로 추가적인 은행의 잠재적인 부실이 확대될 경우 은행의 구조조정도 불가피할 전망이다.

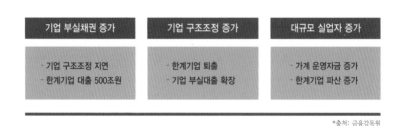

기업 부실채권 증가	기업 구조조정 증가	대규모 실업자 증가
· 기업 구조조정 지연 · 한계기업 대출 500조원	· 한계기업 퇴출 · 기업 부실대출 확장	· 가계 운영자금 증가 · 한계기업 파산 증가

*출처: 금융감독원

이 경우를 예측할 때 바젤3의 기준 충족을 적용한다면 은행업계의 대규모 혼란이 2018년 하반기부터 본격화될 전망이다. 바젤3 기준에 적합하기 위해서는 14.5%, 현재 기준으로 185조 원이며 2018년 기준 최하 200조 원, 2019년 220조 원 자본 확충이 필요할 것으로 예상된다.

이 경우 잠재 부실이 현재보다 매년 50%에서 100% 이상 증가할 경우, 은행 부실 채권은 매년 30조 원에서 50조 원 증가할 것이다. 또한 미국 자본이 도드 프랭크 법에 의해 볼커룰이 적용될 경우를 가정해 보아도, 잠재적 손실률 또한 국내 해외 손실은 몇 년간 불가피하다. 이 경우 한국의 은행 어디가 부실화될 것인지는 현재의 통계로 볼 경우 너무도 명확하다.

'정상' 등급에서 '요주의' 변환 시 대손충당금 8.2배 증가[14]

이번 위기의 경우, 민간 은행과 국책 은행의 조선·해운 대기업 집단에 대한 신용 평가가 상이하였다. 민간은 대손충당금 적립에 대해서 조금 더 적극적인 방법을 택하여 요주의 등급으로 평가하였으나, 국책 은행은 이들을 정상으로 분류하였다. 신한은행, 국민은행 등 민간 은행은 이들 기업을 2016년 요주의로 하향 조정하였다. 즉, 요주의로 평가하여 신한은행의 경우 2,800억 원의 여신 중 560억 원, 국민은행의 경우 7,100억 원 중 1,050억 원의 대손충당금을 더 쌓아 놓은 상태이다.

---

14 금융회사의 자산을 부실 가능성에 따라 **정상, 요주의, 고정, 회수의문, 추정손실 5단계**로 분류
  ○부실가능성은 ① **FLC***, ② **연체 기간**, ③ **부도 여부****에 따라 판단
   * FLC(Forward Looking Criteria): 차주의 경영 현황, 재무 상태, 현금 흐름, 산업 여건 등을 고려한 미래 채무상환능력에 따라 자산의 건전성을 분류
   ** 부도, 청산·파산, 폐업중인 경우 담보물의 회수예상가액 해당 부분은 '고정', 초과 부분은 '회수 의문' 또는 '추정손실'로 분류

〈자산건전성 분류〉

구분	채무상환능력 기준	연체기간	적립비율 (%)
정상	채무상환능력이 양호해 대출에 문제가 없는 것으로 판단되는 자산	1개월 미만	0.85
요주의	즉각적인 문제가 발생하지 않았지만 상환능력이 떨어질 수 있는 요인이 잠재된 것으로 판단되는 자산	1개월 이상~3개월 미만	7
고정	상환능력을 악화시키는 요인이 가시화되어 채권 회수에 상당한 위험이 발생한 자산	3개월 이상 연체한 자산 중 회수할 수 있는 예상가액	20
회수 의문	상환능력이 현저히 악화해 채권 회수에 심각한 위협이 발생한 자산	3개월 이상 12개월 미만 연체한 자산 중 회수 예상가액 초과 부분	50
추정 손실	회수가 확실히 불가능한 자산	12개월 이상 연체 자산 중 회수 예상가액 초과 부분	100

출처: 금융위원회

대우조선에 대부분의 여신이 몰려 있는 농협의 경우 1조 4,000억 원가량이 몰려 있으며, 나머지 은행이 5,000억 원 정도로 추정된다. 수출입 은행, 산업 은행은 각각 12조 6천억 원과 6조 3천억 원으로 특수 은행이 20조 원을 넘는다. 3년간 은행 이자를 못 낸 대우조선도 은행 평가에서는 정상이다. 즉, 국제 회계 기준이 바뀔 경우 당연히 요주의로 넘어갈 가능성이 높다.

23조 원의 대출 중 쌓아 놓아야 할 금액으로만 3조 원 이상의 대손 충당금이 증가한다. 요주의는 대출 자산의 7~19%를 더 쌓아야 한다.

평가의 위험성 가중이 정상에서 요주의로 바뀔 경우 국책 은행이 쌓아 놓아야 하는 금액만 현재 대손충당금보다 820% 증가하는 것이다. 이것은 지금보다 3조 원 이상의 대손충당금이 필요하다는 이야기이며, 10조 원 이상의 부실이 발생한 수은, 산은의 경우 3조 원이 추가 적립되어야 하는 상황은 거의 재앙에 가까운 것이다.

농협과 수협은 말할 필요가 없다. 그러나 그 재앙은 곧 다가오고 있다. 국민 세금으로 채워놓든 한국은행 발권력을 동원하는 추가적인 적립은 필요하다. 출자 전환은 금융 시스템 붕괴 시에만 가능하기 때문에 사태에 능동적으로 대처하기에는 때가 늦은 감이 없지 않다.

국책 은행의 영향권 아래에 있는 은행들의 추가적인 부실이 천문학적으로 발생할 것은 너무도 자명하지만 어느 정도일지는 현재로서는 알 도리가 없다. 단지 단편적으로 추정할 수밖에 없다.

이 증가 폭에서 IFRS-9이 시작될 경우, 지금 정상으로 분류되던 부실을 더 이상 감출 수 없으며 거의 대부분 부실로 지목되는 대기업, 중소기업, 가계 대출의 대손충당금이 천문학적으로 증가할 것이다. 이 시스템의 평가가 가동되는 시간은 정확하게 2018년 1월 1일이다. 그 회계 평가 방식이 IFRS-9이며 정성적 평가 시스템은 거의 몇 년

안에 폐기될 것이다. 금융의 혼란과 재앙은 2017년 11월 기준으로 서서히 전 사회에 영향을 드리울 것이다.

결국 해외의 볼커룰이든 국내적인 IFRS-9 평가든 은행의 구조조정은 막이 올랐다. 은행은 하루하루 버티기 위해서라도 이번 금융 전쟁에서 잠재적인 부실을 털기 시작할 것이다. 위험성 부채는 더더욱 증가하며 대규모 실업 사태와 실물 자산 가치 하락은 피할 수 없게 될 것이다.

은행 생존을 위해서, 부실에 대한 대손충당금이 발생한 시점부터 은행에 의한 구조조정은 시작될 것이다. 이러한 강제적인 기업과 가계 구조조정의 여파는 대규모 실업자(150만~200만 명)와 개인 파산자를 양산하여 한계 가구의 은행권 이동이 시작될 것이다. IMF가 외부에 의한 강제 구조조정이었다면 이번 바젤3 모멘트는 국제적인 합의 시스템 이행 과정, 즉 한마디로 부채의 공급 과잉으로 시작되었다고 봐도 무방하다. 2015년 말의 통계를 보아도 1998년 IMF 사태가 대기업 종금사 왕국을 붕괴하였듯이, 2008년 리먼 브라더스 사태 이후 PF대출의 진앙에 있었던 저축 은행 왕국이 붕괴하였다면 이번 사태로 인하여 붕괴될 금융 생태계의 종말의 기착지가 어디로 향하고 있는지는 불 보듯 뻔한 일일 것이다.

	2013년		2014년				2015년			2016년		증감	
	3말	12말	3말	6말	9말	12말	3말 (a)	6말	9말	12말 (b)	3말 (c)	연간 (c-a)	분기 (c-b)
부실 채권 계	20.5	25.8	26.6	25.7	26.1	24.2	24.7	24.1	23.2	30.0	31.3	6.6	1.3
기업 여신	16.7	22.7	23.3	22.4	23.0	21.5	22.0	21.7	20.9	27.9	29.2	7.2	1.3
가계 여신	3.6	2.9	3.1	3.1	2.9	2.6	2.5	2.3	2.2	1.9	2.0	△0.5	0.1
신용카드	0.3	0.2	0.2	0.2	0.2	0.1	0.1	0.1	0.1	0.1	0.2	0.0	0.0
부실채권비율	1.46	1.79	1.79	1.73	1.72	1.55	1.56	1.56	1.41	1.80	1.87	1.31	0.07

출처: 한국은행 금융안정보고서

구조조정 여파로 국책 은행은 바젤3 요건 충족 어려울 것, 국책 은행 왕국 붕괴 후 민영화 수순 밟는 것인가?

금융 당국이 현재 처한 위기를 따져 본다면 당장 닥쳐올 것은 5대 취약 업종의 구조조정이다. 구조조정 기간 조선과 해운에서 대출한 돈만 산은, 수은의 경우만 23조 원이며, 준 국책 은행인 농협과 수협 등의 대출 규모만 2조 원으로 2017년 예정된 조선, 철강, 석유화학의 구조조정이 마무리된다면 이 분야에 대출된 국책 은행의 대출금 규모는 30조 원이 넘을 가능성이 크다. 바젤3 시스템에서 자기자본비율 요건의 위협을 받고 있는 상황에서 정상에서 요주의(7~19%)에서 고정(20~49%)으로 변환될 가능성이 있다.

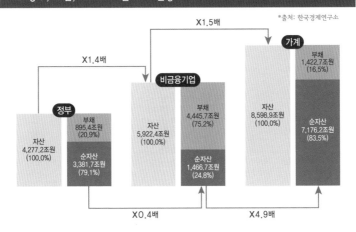

■ 정부, 기업, 가계의 자산 부채 현황

*출처: 한국경제연구소

이 경우 추가적인 대손충당금 규모의 경우 약 10조 원을 넘어설 것으로 추정된다. 이 이후의 부실 사태가 더 진행된다면 민영화 논의가 빠르게 확산될 것으로 예상이 된다. 대손충당금이 요주의에서 고정으로 진행된다면 국책 은행과 준 국책 은행은 이 손실을 감당할 수 없다. 또한 회수 의문시 되는 규모가 6조 5천억 원을 상회할 것을 감안한다면, 앞으로 국책 은행과 준 국책 은행에 들어갈 대손충당금은 12조 원을 넘어서게 될 가능성이 매우 높을 것이다.

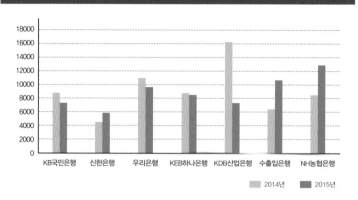

■ 국내은행의 대손충당금 전입액 (단위:억원)

2014년　2015년

삼성증권의 보고서에 따르면 30조 원 중 최소한 10조 원이 회수 불가능할 자금으로 추산된다. 앞으로 국책 은행과 준 국책 은행은 이번 바젤3 기본 충족 요건이 요원하다고 볼 수 있으며, 아직 시작되지 않은 철강, 건설, 석유화학의 구조조정이 시작될 경우 금액은 더 천문학적으로 증가할 것이다.

중소기업 은행, 수협, 농협, 새마을 금고와 지방 은행을 통한 전세 대출, 집단 대출 등의 부실화는 아직 시작도 하지 않았다. 그런 점에서 바젤3 기준 요건을 준수하지 못할 경우 국책 은행 왕국은 1998년 종금사, 2008년 저축 은행의 수순을 밟을 가능성이 매우 높다. 이번 파장은 국민의 삶과 기업 생태계에 미치는 영향이 너무나 크고 막대하다. 국책 은행만 동 기간 한계 대기업에 대출한 부실이 2005년

2.3%에서 2015년 15% 가까이 폭증했다는 것은 이명박 정권 시절부터 예상된 구조조정 기간을 실기하고 국책 은행에 부실 대기업 지원을 다 덮어씌웠다는 것을 보여 준다. 2008년 리먼 사태 이후 41.6%로 급상승하였고, 2009년 31.5%로 내려왔다. 그러나 2010년 37.9%, 2011년 44%, 그리고 2014년엔 역대 최고치인 47% 이상을 상회하였다. 이렇듯 대기업 대출이 늘었고 이에 대한 구조조정이 계속 지연됐다는 점은 시사하는 바가 크다.

〈일반 은행 수익성 지표〉

항목	ROA(단위: %)	구조적 이익률(단위: %)	예대금리차(단위: %)	순이자마진(단위: %)
2011.1/4	1.03	1.58	3.00	2.50
2011.2/4	1.22	1.51	3.01	2.46
2011.3/4	0.99	1.50	2.98	2.45
2011.4/4	0.69	1.38	2.96	2.42
2012.1/4	0.85	1.41	2.90	2.34
2012.2/4	0.68	1.36	2.84	2.29
2012.3/4	0.63	1.30	2.71	2.25
2012.4/4	0.54	1.24	2.61	2.21
2013.1/4	0.54	1.11	2.62	2.04
2013.2/4	0.43	1.07	2.60	1.99
2013.3/4	0.44	1.05	2.53	1.95
2013.4/4	0.37	1.03	2.53	1.94
2014.1/4	0.48	1.00	2.53	1.86
2014.2/4	0.48	0.97	2.49	1.86
2014.3/4	0.47	0.98	2.44	1.85
2014.4/4	0.39	0.93	2.29	1.83
2015.1/4	0.48	0.89	2.27	1.68
2015.2/4	0.52	0.80	2.21	1.65
2015.3/4	0.44	0.80	2.17	1.63

출처: 일반 은행 업무보고서, 한국은행

이번 국책 은행의 가장 큰 실책은 동 기간 신한은행, 국민은행으로 대표되는 외국계 주식 비중이 큰 은행의 경우 대기업 부실 대출 규모를 줄여 왔지만, 국책 은행은 2010년 이후 38%에서 2015년 48%로 규모가 확장되었다는 점이다. 또한 한계 기업에 대한 금융 지원 비중이 4.62%에서 12.4% 폭증했다는 것은 예고된 재앙을 미리 알고 있었으나, 정치권의 입김에서 자유롭지 못했다는 것을 보여 준다.

STX 조선이 한 번에 물린 돈만 4.5조 원이라는 점에서 이번 대기업 부실 이후 은행에 의한 구조조정 여파는 국책 은행의 건전성 바젤3 기준 충족 요건에 대한 긴급 지원으로 이어질 수밖에 없다. 그리고 IFRS-9 시작 이후 준 국책 은행 농협, 수협, 기업은행, 지방 은행 등이 위험성이 커질 것으로 예측된다. 자본 확충에 수출입 은행 BIS는 10.11%로 14.5% 기준에 크게 못 미치며, 수협의 경우는 아예 바젤3 기준을 충족 하지 못하여 몇 년째 표류 중이었다. 현재 문제되는 부실 채권 30조 원뿐만 아니라, 그간의 부실과 앞으로 진행될 중소기업과 가계의 규모만 따져 놓고 보았을 때, 위험에 노출되는 국책 은행과 준 국책 은행의 부실 채권 규모는 100조 원을 상회할 가능성이 높다.

즉, 한국은행 12조 원은 이제 막 시작에 불과하다는 것이다. 추가적으로 국책 은행과 부실화될 준 국책 은행에 들어갈 대손충당금 규

바젤3 모멘트(BASELⅢ MOMENT)

모는 아직 파악할 수 없다. 그러나 2008년 분양했던 신도시 집단 대출에 대해 2011년 대규모 연체 현상이 발생되었다는 것으로 추정해 보면, 2016년 기준 5대 시중 은행 116조 원 집단 대출 잔액은 큰 부담이 될 것이다. 게다가 2017년 10월 이후 주택 시장이 조정 국면에 들어가는 것을 예상해 본다면 상호신용금고, 새마을금고, 신용협동조합까지 합칠 경우 집단 대출은 120조 원을 상회할 것이다.

〈국내 은행의 집단 대출 잔액 및 증가 규모〉

항목(단위: %)	증감(단위: 조 원)	잔액(단위: 조 원)
2010		97.9
2011	4.5	102.4
2012	1.6	104.0
2013	-3.4	100.6
2014	0.9	101.5
2015, 3/4	3.1	104.6
2015, 3/4(안심전환대출 포함 시)	12.0	113.5

출처: 금융감독원

이 중 2011년 연체 현상의 효과를 감안한다면 최하 10~20% 규모가 부실화될 것으로 추정된다. 주택담보대출이 2016년 2월을 기점으로 482.5조 원인데, 이 중 120조 원이 집단 대출이다. 금리 인상이나 2017년 하반기 집값 조정의 여파가 있을 경우 그리고 중소기업 구조 조정이 들어가는 2018년 상반기 이후의 부실 대출화 규모는 상상하기 어려울 정도이다. 집단 대출이 부실화될 경우의 금액과 대기업 부실 채권의 규모만 놓고 볼 경우 50조 원 이상의 부실이 국책 은행과 준 국책 은행, 제2금융권에서 발생될 것으로 예상된다. 이 경우 기업 구조조정의 여파가 은행 가계 대출의 부실로 전이될 가능성이 매우 높아진다. 은행의 가계 대출 규모는 실업률이 높아질수록 가계 대출의 질적 구조가 악화된다. 그러므로 2011년 사태를 참고하여 주담보 연체율이 어느 정도 오를 것인지 면밀히 예상해 보아야 한다.

가계 대출 연체율은 2012년 0.78%에서 2015년 0.42%로 계속 떨어졌다. 그간에는 기업 대출에서 92%의 부실이 발생하였는데, 가계 대출과 예대 마진으로 만회해 왔다. 그러나 이번 위기에서는 기업 구조조정의 여파가 정부의 정책 자금과 부동산 대출, 급증 자영업 가구의 퇴출로(집단 폐업 사태) 인해 기업의 위기가 가계 대출로 연결되는 수순을 밟게 될 것이다.

특히 자영업 대출을 통한 가계 대출은 거의 폭탄 수준으로, 주 대출자가 50~60대인 자영업 대출만 520조 원을 상회한다. 이러한 대출이 특히 경기 민감 업종에 집중되어 있다는 것은 이번 바젤3 모멘트 위기 시에 위기가 어디에서 어떻게 전개될 것인지 추정이 가능하게 한다.

또한 위험군으로 분류되는 다중 채무자의 대출 규모는 동 기간 282조 원에서 348조 원으로 늘었다. 2010년 318만 명 수준의 다중 채무자는 2016년 기준 350만 명으로, 그간 축적되어 온 부채가 터질 시점임을 감안할 때 이에 대한 정치권의 합리적인 대책이 필요하다.

결국 정책적으로 대출을 늘려 온 국책 은행과 준 국책 은행인 수협, 농협 및 제2금융권마저 이 폭풍 속으로 들어가고 있다. IFRS-9 실행 이후 경기 민감 업종을 모험 자본으로 인식하여 대손충당금을 8.2배 이상 쌓아야 하는 은행의 입장에서는, 생존을 위해서라도 대출 회수와 대출 거절이 큰 폭으로 증가할 것은 자명하다.

국책 은행과 준 국책 은행의 부실화에 대한 국민 여론이 뜨거워지며 민영화가 언론에 자주 거론될 것으로 예상된다. 결국 국책 은행과 준 국책 은행의 동반 부실화 여파는 세수나 발권을 통해서 메꾸어 나가야 할 것이다. 국책 은행이 국가 부채 증가의 한 원인으로 지목당할 것이 자명할 터인데, 언론의 향배가 인터넷 은행 출범이 확정된 만큼 금산법 개정의 여론으로 흐르지 않도록 주시하여 지켜보아야 할 것이다.

2018년 1월 1일 IFRS-9 시행 이후

인터넷 은행과 대부업 최대 호황이 예측되는 이유

금융위원회는 바젤3 규정을 인터넷 전문 은행의 경우 2019년까지 유예하기로 결정하였는데, 시간이 더 유예될 가능성도 있다. 카카오뱅크, KT K-뱅그, 인터파크가 이끄는 I-뱅크 컨소시엄 등 세 곳에 대한 인터넷 전문 은행 예비 인가를 실시하여 2017년 인가가 났고, 2018년 하반기 본격적인 영업을 실시할 예정이다. 롯데도 부산은행과 손잡고 신청하였다가 비판 여론으로 부산 인터넷 전문 은행 설립 계획에서 한 발 뺀 상태이다. 그리하여 최종적으로 한국 카카오와 케이뱅크가 본격적인 영업을 할 예정이다.

카카오은행은 한국투자금융지주(지분율 50%)와 카카오(10%), 국민은행(10%) 등 11개사가, 케이뱅크는 우리은행(10%), 지에스(GS)리테일(10%), 한화생명보험(10%), 다날(10%), 케이티(8%) 등 21개사가 주주로 참여했다.

문제가 되는 금산 분리에 대해서 최초로 허용되는 경우이다. 1995년 미국에서 최초 도입된 후 미국에서 20여 개, 유럽에서 30여 개, 일본에서 8개, 중국의 경우 마윈의 알리바바 등 2개이다. 은산 분리 규제, 최저자본금 기준 등 진입 장벽이 완화되며, 업무 범위, 건전성 및 영업 행위 등에 대한 사전 규제도 최소화된다. 인터넷 전문 은행에 한해서만 은산 분리 규제를 일부 완화하여 산업 지분율이 4%에서 50%로 상향 조정되었다.

은행업 인가를 받기 위한 최저 자본금은 1,000억 원이다. 그러나 인터넷 은행은 이 기준을 적용하지 않으며, 최저 자본금을 500억 원 수준으로 낮추었다. 영업 범위는 일반 은행과 동일하다. 이럴 경우 2018년 1월 1일 IFRS-9이 시행되면 시중 은행은 대출 기준이 강화되어 위험성 자산으로 상당 부분 인식된 저신용자와 가중 위험 중소기업군은 제2금융권과 인터넷 은행으로 대폭 이동할 가능성이 높다. 신규 시장에 진입한 인터넷 은행의 대출 금리가 10%대 초중반으로 형성될 경우, 은행에서 위험성 가중으로 대손충당금의 위험성이 인식된 가계와 자영업 대출자 집단은 인터넷 은행으로 이동할 수밖에 없을 것이다.

이 경우 바젤3 기준 중 IFRS-9 시스템 적용이 늦추어지는 인터넷 은행은 폭발적인 시장 잠식도 가능하다고 예측된다. 인터넷 은행이 어느 정도 규모로 어느 정도 시장을 잠식할 것인지는 알 수 없으나, 상황에 대한 추측은 가능하다. 일반 시장에서 퇴출되기 시작한 개인

신용집단의 퇴출자들은 20%대의 대부업을 이용하거나 10%대 후반 금리의 신용 은행을 이용하기보다는 인터넷 은행의 서비스 결합 상품을 이용할 가능성이 크다. 인터넷 은행이 은행 금리의 보전을 영업 방식으로 채택할 경우, 빅데이터를 기반으로 무차별적인 영업 확장이 가능할 것이다. 즉, 쉽고 간편하며 핸드폰 기반의 은행으로 금융이 급격하게 진화될 가능성 또한 높을 것이다.

가장 우려되는 것은 한번 무너지기 시작한 은산 분리가 이번 금융위기 시기에 일반 은행의 은산법 또한 개정하거나 부산 롯데의 컨소시엄처럼 급격하게 인터넷 은행의 인허가로 몰릴 가능성이 있다는 것이다. 즉, 재벌이 은행을 지배할 수 있는 신 금융시대가 열릴 우려가 크다는 것이다.

대부업도 300만 명에 달하는 기존 시장을 지키기 위하여 안간힘을 쓸 것이므로 시장에서 퇴출되는 중소 상공인이나 중소기업 대출 시장으로 확장할 가능성이 높다. 예상대로라면 한국의 금융지형은 은산 분리가 무너지기 시작한 2016년 하반기 이후 2017년 바젤3 준비 단계의 마지막을 지나 IFRS-9[15]이 시작되는 2018년을 기점으로 인터

---

15   IFRS9은 대출자에 대한 회계 측정을 45세 기준으로 진행한다. 그래서 2030세대에게는 추가적으로 30%가량 우대를 하고, 45세 이후는 연령이 증가할수록 미래손상으로 노동 가치를 측정할 수밖에 없다. 45세 이전의 20대는 최대 130%를 추가적으로 대출할 수

넷 은행이 최대의 수혜 금융으로 떠오를 것이다. 2018년 시작되는 흑자부도의 시대, 우리는 떠오르는 신 금융 시장을 보게 될 것이다. 지는 노을에서 걸어오는 것이 늑대인지 개인지 구분할 수 없어 더 두려울 수밖에 없을 것이다.

인터넷 은행 등장으로 무너지기 시작한 은산 분리, 재벌이 은행을 지배할 수 있는 신 금융 시대 열릴지도

이러나저러나 400만~500만 명의 사용자로 증가될 인터넷 은행과 대부업은 10% 초반부터 27%까지의 고금리라는 점을 주목하자. 결국 금융의 안정을 기한다는 시스템이 약탈적인 금융 시장의 성장으로 이어진다면 이 또한 아이러니가 아닐까? 은산 분리가 무너진 이후의 한국 금융에 대해서 롯데가 이미 인가 신청을 한 경험으로 보았을 때, 10대 재벌이 이 성장 분야에 진입하지 않을 것이라고 누가 장담하겠는가?

있게 된다. 45세 이후는 60세까지 점진적인 마이너스 소득(발생손실) 모형으로 측정하게 된다. 즉, 50~60대 노동 소득자에게는 은행에서 미래노동소득에 대한 공정가치 측정 면에서 손상으로 인식할 수밖에 없는 대출 구조 시스템이다. IFRS9은 IAS39의 '발생손실'모형을 '기대손실'모형으로 대체하기 때문이다.

결국 국책 은행과 준국책 은행의 대규모 부실이 금융법 개정의 새로운 논리의 물꼬를 틀 것이 가장 염려스럽다. 우리는 그러한 논리에 부역하는 지식인들과 언론이 사회를 어떻게 망가뜨려 왔는지 오랜 시간 겪어 왔다. 인터넷 은행의 폭발적 성장과 대부업 시장의 저변 확대가 과연 새로운 성장 분야로서 반가운 일인가? 약탈적인 금융 시장에 노출된 400만~500만 저신용 공유자들의 운명이 앞으로 어떻게 처참한 환경으로 내몰릴지는 뒷장에 자세히 언급하겠다.

한국 주빌리은행의 통계를 통해 이 사회의 비극을 본다면 앞으로 금융 시장에서 몇 년 동안 얼마나 많은 사람들에게 슬픈 드라마가 펼쳐지게 될 것인가? 2013년 이후 신용등급 분포별 신용 대출의 84%는 6등급 이하에 집중되며, 7등급 이하의 경우 17%에 불과하다. 저축은행과 대부업은 6~10등급을 대상으로 대출 시장을 형성하고 있다. 이번 공정가치 회계 기준의 결론은 서구의 경우 부실 채권의 가치를 소멸되는 채권으로(예를 들면 주택한정 담보) 규정하고 있다.

문제는 연체로 인한 채권추심으로 이동한 차주의 채권에 대해서 차주의 채권이 소멸되는 채권으로 이동하는지 국민들이 거의 알고 있지 않다는 사실이다. 이것이 회자될 경우 부실 채권 정리 회사들의 영업은 상당한 도덕적 타격이 있을 전망이다. 한 예로 국민행복기금의 경우 채무 조정을 명목으로 사들인 부실 채권에 대해서 어느 정도의 손해를 국가에서 감당하겠다고 도입된 제도인 것이다.

그러나 현재 국민채권기금은 황금알을 낳는 거위의 성격이 강하다. 국민행복기금의 채권 가격은 평균 3.8%가량으로 100만 원을 사들일 경우 38,000원 정도밖에 들지 않는다. 정부는 2014년 은행 채권 추심회사에 위탁 수수료만 1,017억 원을 지불하였다. 즉, 은행 채권 추심회사의 입장에서는 엄청난 고객인 셈이다.

개인 채권의 소멸 시효는 10년이며 은행의 채권 시효가 5년인 점이 국민들에게는 홍보가 안 되어 있는 실정이다. 무담보 채권의 경우 3~4%에 사서 30~40%를 받아 낸다면, 엄청난 수익이 창출된다. 그렇기 때문에 연체된 채무 취약 계층이 370만 명으로 추산되고 앞으로 새로운 신용 시스템 이후에 450만~500만여 명의 연체 채무 취약 계층이 늘어날 경우, 부실화된 은행들이 채권 추심시장으로 전면적으로 뛰어들 가능성이 높아진다.

즉, 채권 추심 시장이 신금융 시스템 속에서 새로운 황금알을 낳는 거위가 되는 것이다. 통상 은행에서 3개월 이상 연체할 경우 연체자의 채권은 받을 수 없는 금액으로 전환되어, 채권 추심회사에 1~10%

로, 때로는 더 헐값에 매각 된다. 그리고 이 이후에는 약탈적 채권 추심의 악몽이 기다리고 있다. 5억 원의 채권을 사들이는 데 최소 1,700만~2,000여만 원이면 되는데, 이를 통해 엄청난 고수익이 이 금융 위기 기간 동안 기다리고 있는 것이다.

경제의 활력이 회복되기 위해서는 주빌리은행 같은 곳을 통해 1,000억~5,000억 원 규모의 채권 소멸이 시급하다. 이렇게 할 경우 1,000억~2,000억 원의 규모만으로도 3조 6,000억 원의 채무 탕감이 가능하며 5,000억~7,000억 원의 기금으로는 17조 원에 가까운 채무 탕감의 효과를 가진다. 그렇게 한다면 경제적으로 수탈된 100만~150만 명이 이 경제 기간 동안 새로운 신용 계층으로 돌아설 수 있다. 정부에서 대기업에 탕감해 준 채무만 30조~100조 원이 되지만 정작 수탈적인 대출과 악성 채무로 고통 받는 100여만 명의 국민들에게는 그 혜택이 돌아갈 수 있을지 미지수이다. 이번 경제 위기에서는 약 150여만 명이 약탈적인 대출 시장으로 내몰리게 될 것이다. 과연 이러한 체제가 정상적인 것인지 의문이다.

IMF 위기 당시, 금융 기관에서 발생한 부실 채권은 111조 원 규모였다. 여기에 공적자금 40조 원을 투입하여 해결한 사례를 알고 있기 때문에 정부가 주도하여 민간 은행 출자로 만든 것이 유암코이다.

신한은행, KEB하나은행, IBK기업은행, KB국민은행, 우리은행, 농협은행, 한국산업은행, 한국수출입은행 등이 출자하여, 2015년 4조 원의 실탄을 확보하였다. 저금리에 따른 풍부한 유동성·이자비용 감소 등으로 한계 기업이 제때 구조조정되지 않아, 외감 감사기업만 2,700여 개에서 3,300여 개로 5년 사이 급격하게 증가하였다. 유암코는 이에 따른 구조조정을 원활하게 수행하기 위해서 만든 NPL(부실채권 정리)기업이다.

즉, 시장중심의 상시적 기업구조조정 시스템을 모델로 만들었으며, 현 2017년 발생될 부실 채권 증가의 손실을 흡수할 목적이 상당하다. 2016년 상반기 기준 기업부채 규모가 2,347조 원이고 한계 기업 부채가 22%를 차지한다. 한계 부실 대출금 규모가 500조 원에 이르는 현실에서 한계 기업은 상장사의 30%를 돌파하고 있다. 이 추세라면 상장사의 40%가량이 한계 기업으로 성장할 것이며, 이에 대한 구조조정기금 28조~32조 원은 미봉책에 불과할 뿐이 다.

지금 20조 원 정도가 기업 구조조정 기금에 들어간 형태이지만 앞으로 150조~200조 원이 추가로 부실처리 될 경우, 정부의 구조조정 기금은 70조~85조 원으로 늘어날 것이다. 이번 IFRS-9이 2018년에 시작될 경우, 은행에 의한 강제적인 시장 퇴출이 진행될 것이다. IMF

당시의 구조조정처럼 시장 예측은 당장 불가능하나, 파고는 그 당시보다 상당히 더 큰 충격이 올 것으로 예상된다.

현재 정부는 유암코 각 출자자로부터 4조 1천억 원의 실탄을 확보하였다. 부실 채권 기금의 담보 채용 금액 300%를 활용할 경우, 시장에서 발생될 긴급 기업 부실 채권 중 12조 원에서 28조 원의 손실을 흡수하여 은행과 시장의 건전성을 지킬 수 있을 것이라 말하고 있다. 그러나 정부는 2018년 이후의 금융 혼란기 사태에 대비하지 못하고 있다. 당장은 2017년까지 대기업군(600조 원)과 주요 중요 기업군의 구조조정에서 파생될 손실 발생을 조기에 차단하는 것이 가장 큰 목적일 것이다.

문제는 2018년 이후에 대한 정책이 서 있는가인데, 필자는 앞으로 벌어질 부실 발생 규모는 150조~200조 원 이상으로 2017~2020년 기간에 발생될 가능성이 높다고 본다. IMF 시 111조 원의 부실금액과 리먼 사태 이후 2011~2013년 집단 대출 연체 사태(2% 이상 수직 상승) 그리고 자영업과 중소기업 대출 그리고 부실 대기업 대출을 생각해 본다면 이 규모가 될 수밖에 없다. 2011~2015년 기간을 보면 2011년 23.7조 원을 시작으로 2012년 24.4조 원, 2013년 31.6조 원, 2014년 24조 원, 2015년 30조 원 등 5년간 134조 원의 부실이 발생하였다. 은행의 손실을 가계 대출의 예대 마진과 중소기업 대출 그리고 은행 서비스 금액으로 버텨 왔으나, 그마저도 2015년 당기 순이익이 3.5조 원으로 2014년 6조 원에 비하여 급격하게 하락하고 있다. 결국은 2017년부터 2019년까지 예대마진과 은행 이용 수수료가 일본의 80% 수준까지 인상될 것이다. 이것은 IFRS-9 충격손실 모형으로 발생하게 될 부실을 은행 이용자에게 떠넘기는 것이다.

이 같은 추세를 종합할 때 2018년 1월 1일 IFRS-9 회계기준이 적용되고 부실기업과 부실가계 중 자영업 대출, 집단 대출 116조 원에서 부실이 발생되기 시작할 경우 은행의 수익은 마이너스로 돌아설 가능성이 매우 높다. 2017년 부실금액이 일시적으로 축소될 수 있으나, 2018년 이후부터는 최하 40조 원 이상 증가하며 증가폭이 2019년에서 2020년으로 갈수록 구조조정 부실기금이 최대 1.2~1.83배 증가한 60조~80조 원에 이를 수 있다.

특히 부실 대기업 대출이 집중된 국책 은행과 준 국책 은행의 은행 건전성은 급격하게 하락할 것으로 예상된다. 대규모 금융 혼란이 불가피하며 지금부터 대기업 부실 채권에 집중되어 온 관리가 사회 전반으로 확대될 것이다. 그 여파는 상당할 것으로, 대규모 실업 사태가 장기화되고, 산업공동화가 가속화된다면 집단 대출에서 더 심각한 사태가 2013년보다 더 확장될 가능성이 크다. 게다가 2017년 하반기 이후 주택 시장 침체가 진행될 경우 더 큰 악몽이 될 가능성 또한 크다.

〈바젤 I · II · III 규제 비교〉

	바젤 I	바젤 II	바젤 III
합의	'88년 7월	'04년 6월	'10년 12월
회원국 이행 시기	■ 신용 리스크 '92년 ■ 시장 리스크 '97년	■ 신용 리스크 '0/년 ■ 운영 리스크 '08년	■ 자기자본 규제 '13년 ■ 레버리지 규제 '18년 ■ LCR(단기유동성) '15년 ■ NSFR(장기유동성) '18년
주요 내용	■ 최초의 자기자본규제 (BIS비율 8% 이상) ■ 차주군별(정부, 기업 등 RW 차등부여, 기업 대출은 일괄 100% RW 적용)	■ 기업신용등급별 RW 차부과(20~150%) ■ 표준 방법 이외에 은행 자체 내부 모형 허용 ■ 필라1(최저비율규제) 이외에 필라2(감독기능 강화), 필라3(공시) 도입 ■ 운영 리스크 추가	■ 자본 인정요건 강화 ■ 위험가중자산 산출 방법 강화 ■ 완충자본, 대형 은행 규제, 레버리지 규제 도입 ■ 유동성(LCR, NSFR) 규제 도입 등

바젤3 국제적 합의안의 경기반영 순환 사이클은 다음과 같다.

FCL 예상손실률 적용 → 경기 하강(연체 가능성 상승) → 차주에 대한 부도 확률 등 리스크 증가(감소) → 차주 앞 여신에 대한 위험 가중치 상승(하락) → 금융 기관의 자기 자본 및 충당금 보유 부담 증가(감소) → 금융 기관의 대출 규모 축소(확대) 및 대출이자율 상승(하락) → 투자 또는 소비 감소(증가) → 경기 하강(상승) 심화

[참고 자료 1]

채권자 손실분담(Bail-in) 제도 도입(금융위원회)

1. 추진 배경 및 경과

▶ 글로벌 금융 위기 이후 국제적으로 대형금융회사 부실로 인한 금융 시스템의 혼란 및 대마불사(大馬不死)에 따른 도덕적 해이 방지를 위해 회생·정리체계를 개선할 필요가 있다는 공감대 형성. 2010년 G20 서울정상회의에서 각국은 시스템적으로 중요한 금융회사(SIFI)들이 회생·정리 계획(Recovery Resolution Plan, RRP)을 작성하도록 하는 제도를 FSB 권고에 따라 도입하기로 합의

▶ 그간 금융위원회는 관계기관 및 금융·법률 분야 전문가들과 회생·정리제도의 원활한 개선을 위한 논의를 진행하였으며, 회생·정리 계획 작성 의무 부과, 채권자 손실분담(Bail-in) 명령 등 '회생·정리 제도' 도입을 위한 기본 방향을 확정

2. 주요 내용

▶ 회생·정리 계획(Recovery and Resolution Plan: RRP) 작성

시스템적으로 중요한 금융회사(SIFI)를 지정하고, 위기 상황을 고려한 회생·정리 계획을 매년 작성·유지하도록 함. 회생계획(Recovery Plan)은 위기 시 금융회사의 자체 정상회 노력을 통해 건전성을 회복하는 내용의 사전 계획으로, 금융 회사가 작성하고 금융감독원이 평가하여 금융위원회에 보고, 정리 계획(Resolution Plan)은 금융회사의 자체 회생이 어려운 상황에서 금융시스템에 미치는 영향을 최소화하면서 회사를 정리하기 위한 사전 계획으로, 예금보험공사가 작성하고 금융위원회가 평가

▶ 채권자 손실분담(Bail-in) 제도 도입

금융회사 정리에 따른 손실을 주주뿐만 아니라 채권자도 분담하도록 함으로써 도덕적 해이를 방지하기 위한 제도. 필요 시 부실금융회사의 채권을 출자전환·상각하도록 명령하는 권한을 금융위원회가 보유하도록 할 예정

▶ 금융계약 조기종결 일시정지(Temporary stay) 제도 도입

회생·정리 과정에서 파생금융 거래, RP거래 등의 계약 상대방

조기종결권 행사로 시장 불안이 가중되지 않도록 조기종결권을 일시 정지하는 제도. 필요시 계약상의 중도 종료·정산 등의 권리를 일정 기간 정지하도록 명령하는 권한을 금융위원회가 보유하도록 할 예정

3. 기대효과

▶ 회생·정리 제도의 개선을 통해 주요 금융회사의 부실화 문제 발생 시 국내 금융 시스템의 안정성을 제고[16]

▶ G20 합의 사항 이행을 통한 국제적 신뢰 확보

▶ 금융 시스템 안정과 관련한 대내외 신인도 제고 기대

---

16 회생·정리 계획: 위기상황에서 금융회사를 자체 회생시키거나 공적자금 투입 없이 질서 있게 정리하는 방안을 마련하는 것. 다음 두 가지 계획을 마련해야 한다.
회생계획(Recovery Plan): 금융회사가 스트레스 상황에 대비하여 자체 수립한 경영정상화 계획이다.
정리 계획(Resolution Plan): 금융회사 또는 정리당국이 공적자금 투입 없이 금융회사를 체계적으로 정리하기 위한 계획이다. 또한 (이행 모니터링) IMF·FSB·바젤위원회 등 국제 감독기구는 이행상황에 대한 모니터링을 강화하는 추세이다. '13년 중 IMF가 우리나라에 대해 금융부문평가(FSAP)를 실시한 데 이어, '15.12.부터 바젤위원회가 바젤규제정합성평가(RCAP)를 실시할 예정이다.

4. 향후 계획

▶ 일본·호주 등 미도입 국가들의 입법 동향을 보아 가며 은행 등
이해관계자 의견을 폭넓게 수렴하여 2016년 중에 「금융산업의
구조개선에 관한 법률」 개정 추진

※ FSB 권고에 따른 회생·정리제도 이행 여부는 2018년 섬섬 예성

[참고 자료 2]

채권자 손실분담(Bail-in) 제도 해설(위키백과)[17]

영어로는 베일인(bail-in)이라고 한다. 베일아웃과 상대되는 개념으로 말 그대로 해석하면 쉽다. 금융회사가 부실화되었을 때 부채의 일부를 이 금융회사의 채권자에게 분담시키는 것이다.

1. 도입 배경

회사가 부실 위기에 빠지면 보통은 그냥 망하게 내버려 둘 수도 있지만 덩치 큰 회사라면 그 여파가 장난이 아니다. 회사가 망하면 일

---

17 bail-in: 금융회사 부실발생시 정리당국이 부실 금융회사의 채무를 상각, 자본 전환하도록 명령함으로써 공적자금을 투입(bail-out)하지 않고 금융회사의 채권자에게 손실을 부담시키는 조치국제기준에 따라 감독 당국에 채권자 손실분담(bail-in) 명령 권한을 부여(법무부 협의 필요)해야 한다. G20 서울 정상회의에서 기 합의한 대로 FSB 권고사항을 충실히 반영하여 시행방안을 마련할 계획을 협의하였지만, 국내 시장 상황과 반발을 염두에 두고 추진되고 있는 중이다.

단 직원과 가족들이 졸지에 수입이 끊기고 그 회사와 거래하던 회사들도 줄줄이 피해를 본다. 그 회사도 회사이지만 도미노처럼 다른 회사들로 이어지면서 국가 경제 전체에 큰 충격을 몰고 올 수도 있다. 그러다 보니 덩치 큰 회사가 부실화될 때에는 구제책이 마련되는 경우가 많다. 한마디로 대마불사.

회사가 위기에 몰렸을 때 구제책은 보통 채권단에서 마련한다. 금융업체들이 가장 많은 채권을 가지고 있게 마련이니 주로 대출을 해준 금융업체들이 채권단의 주도권을 가진다. 해당 기업의 부채를 일부 탕감하거나 부채를 출자로 전환하는 것과 같은 구제책을 마련하는데 물론 세상에 공짜는 없다. 강도 높은 구조조정을 비롯한 자구책을 회사에 요구한다. 그런데 경영진은 왜 보너스 잔치를 할까?

그런데 금융회사가 부실화되면 어떻게 하나? 1997년 IMF 구제금융을 받아야 했던 외환 위기를 생각해 보면 빠르다. 금융업체들이 연쇄적으로 부실의 늪에 빠지자 정부가 나서서 공적자금을 투입했다. 당시 투입된 공적자금이 총 180조 원인데 이 중 회수 불능으로 처리된 액수가 70조 원이다. 공적자금이 뭐냐고? 쉽게 말해서 우리 세금이다. 우리나라만 그런 건 아니라서 2008년 글로벌 금융 위기 때 미국도 막대한 구제금융을 투입해서 월스트리트를 살려 놓았다. 그랬

더니 금융회사들이 뭘 했냐 하면 경영진들이 거액의 보너스를 챙기면서 돈 잔치를 했다. 이게 2011년의 월스트리트를 점령하라는 시위가 촉발된 계기였다.

이러한 사건들 이후로 금융회사의 부실을 세금을 처발라서 살려주는, 이른바 대마불사의 법칙을 그대로 놔두면 안 된다는 여론이 일었고, 그에 따라서 G20 산하 금융안정국(Financial Stability Board, FSB)에서 몇 가지 제도 개선안을 내놓았는데, 그중 하나가 채권자 손실분담, 곧 베일인이다.[18]

어떤 회사에 투자를 하고 싶다면 두 가지 방법이 있다. 하나는 주식, 하나는 채권이다. 어느 쪽이 리스크가 높을까? 주식은 회사가 나빠지면 주가가 왕창 떨어지고 망하면 그냥 휴지조각이 된다. 반면 채권은 회사가 망하지 않는 한은 돈 받을 권리는 그대로 유지된다. 회

18　금융안정위원회(FSB)를 중심으로 2011년 '금융사의 효과적인 정리제도 핵심원칙'이라는 권고안이 발표되었으며 이 권고안에 따라 유럽연합 등은 베일인 제도를 포함한 회생·정리 계획 제도를 도입하였다. 미국 역시 이 법과 유사한 효과를 내는 도드-프랭크 법을 시행 중에 있지만 1997년 외환 위기 이후 베일아웃 제도를 통해 총 168조 7,000억 원의 공적자금이 투입돼 금융사 등의 부실금융을 지원하였다. 예금보험공사의 예금보험기금 적자 감축을 위한 노력도 진행 중에 있다(2023년경 부실이 증대할 가능성이 높다). 채권을 보유하는 금융 시장 참가자들이 손실을 분담토록 하는 방안이다. 채권의 형태뿐만 아니라 보통주 이외의 모든 자본금(후순위채, 하이브리드 채권 등)에 대해 공적자금이 투입되는 사건을 전환요건으로 하여 보통주로 전환토록 하는 조항(contingent clause)을 의무화하도록 하고 있다.

사가 망하더라도 자산을 정리하는 과정에서 일부라도 건질 가능성이 있다. 게다가 앞서 말했지만 금융회사는 위기에 몰릴 때 공적자금을 때려 박거나 해서 구제하는 경우가 많다. 회사가 상태가 나빠지면 회사채 금리는 올라가는데, 대마불사를 믿고 오히려 투자가 몰리기도 한다. 그래서 금융회사가 부실에 몰렸을 때에는 채권자들도 책임을 분담하라는 것이 채권자 손실분담의 목적이다.

2. 제도의 운영

그렇다면 어떻게 손실을 분담할까? 채권의 일부를 주식으로 전환하는, 즉 출자전환을 하거나 더 심하면 아예 부채 일부를 탕감해 버리는 것이다. 언제? 망하고 난 다음에는 별로 약발이 없고 부실화가 어느 정도 진전되었을 때다. FSB에서 권고하는 것은 BIS 자기자본비율이다. 즉, 이 비율이 어느 선 이하로 떨어지면 금융 회사가 부실 상태인 것으로 판단하고 정부에서 베일 아웃을 발동하는 것이다.[19]

---

19 FSB 권고안의 주요 내용(위기 관리 · 정리 체계) FSB 권고안의 적기 도입 및 위기 상황 대비 강화
- 권고 1: FSB 정리체계 권고안(RRP, bail-in 등)을 적기에 도입하고, 정리 절차 조기 개시 요건 마련 및 공공기금 손실을 산업에서 회수할 수 있는 규정 정비 등을 검토할 것
- 권고 2: 위기 대응 전담 협의체(forum) 설립 필요성을 검토하고, 대형 은행(systemic bank) 정리를 가정한 주기적 시뮬레이션을 실시할 것 등이다.

3. 논란

3.1 금융소비자 부담

베일인 제도에 관해 가장 먼저 나오는 반론은 금융소비자 부담이다. 베일인이 시행되면 채권의 리스크가 커진다. 채권은 주식보다 리스크가 작다. 그런데 금융 기관이 부실 상태가 되었을 때 채권의 일부가 주식으로 강제 전환된다면 그만큼 채권의 리스크도 올라간다. 자, 채권의 금리는 리스크에 비례하므로 리스크가 올라가면 채권 금리가 올라간다.

그런데 금융회사의 대출 상품은 채권, 즉 회사채로 자금 조달을 하는 게 은근히 많다. 가장 대표적인 게 카드론이나 현금서비스. 카드회사의 채권 리스크가 올라가면 회사채 금리가 올라가며, 이에 따라 대출 상품의 금리도 올라간다는 것이다.

하지만 기계적으로 회사채 금리 상승이 그에 비례해서 대출 금리 상승으로 직결된다고는 볼 수 없다. 대출 자금이 100% 회사채로 조달된다고 볼 수도 없으며, 회사들 사이에 경쟁이 있기 때문에 담합을 하지 않는 이상은 회사채 금리가 올라간 걸 그대로 대출 금리에 적용하기도 힘들 것이다. 그래도 크든 작든 영향은 있을 것이다.

3.2 예금 손실

베일인 제도는 채권자들에게 손실 분담을 요구한다. 이렇게 얘기하면 '금융회사의 채권을 산 사람들에게 영향을 미치겠군.' 하고 생각할 수 있을 텐데, 그게 끝이 아니다. 자, 내가 은행에 예금을 했다고 치자. 나는 은행에 돈을 빌려준 것이다. 즉, 내가 가진 돈을 은행에 맡기고 그걸 대출에 쓰라고 허락한 다음 이자를 챙긴다. 요구불예금이라면 내가 원할 때 아무 때나 찾을 수 있고 적금이라면 만기가 되면 찾는다. 다시 말해서, 예금도 일종의 채권으로 볼 수 있는 것이다. 그러니까 베일인 제도에서는 예금주도 손실을 볼 수 있다는 얘기다.[20]

우리나라에서는 은행 예금을 비롯한 원금 보장 상품은 은행이 망해도 5천만 원까지는 예금보험공사에서 지급을 보장한다. 모든 금융 상품이 이러한 보장을 받는 것은 아니다. 심지어 은행 금융 상품 중에도 투자성 상품은 원금 보장이 안 되므로 확인이 필요하다. 아무튼, 지금까지는 은행이 망해도 어쨌거나 5천만 원까지는 최소한 원금은 건질 수 있었는데 베일인 제도가 도입되면 얘기가 달라진다.

---

20 감독 당국은 2015년 10월 '금융회사 회생·정리 제도 도입 기본방향'을 발표한 뒤 2017년 말 도입을 목표로 채권자손실분담(Bail-in) 제도를 준비해 왔다. 이를 위하여 국내 시스템적 중요 은행(D-SIB: Domestic Systemically Important Bank)을 선정하고 제도 도입 관련 공청회, 국내외 신용 평가사 대상 간담회 등의 절차를 밟아 왔다. 국제금융감독 기구인 FSB(금융안정위원회)에도 진행 경과를 보고한 상태이다. 현 정권은 금융권 부실과 보험업 부실이 드러난 이후에 예금자 분담 제도를 개선할 것으로 파악된다. 즉, 일본식 베일인 제도 도입을 검토하고 있을 가능성이 매우 높다.

바젤3 모멘트(BASEL III MOMENT)

FSB의 권고에 따르면 지급 불능 상태까지 가지 않아도 BIS 자기자본 비율이 일정 수준 이하로 떨어지면 베일인이 발동될 수 있다. 만약 예금주도 베일인 적용 대상이 되면 예금의 일정 부분이 주식으로 전환되거나 아예 채권과 상각 처리가 돼서 돈을 잃게 된다.

만약 이렇게 된다면 어떤 금융회사의 BIS 자기자본비율이 베일인 발동 수준에 근접한다면 어떻게 될까? 예금주들은 불안해서 돈을 찾으려고 할 것이다. 즉, 뱅크런 사태에 불을 당기게 되고, 금융회사의 부실화를 더욱 부채질할 수 있다.

실제로 유럽에서는 베일인 제도를 도입하면서 예금주에게도 손실을 분담시키려는 움직임을 보이고 있다. 예를 들어 금융 위기로 박살이 난 그리스는 은행 부실이 발생할 경우 8,000유로 이상의 예금주들에게 예금액의 30% 이상을 부담시키는 방안을 검토하고 있다. 독일도 베일인 제도를 도입할 예정인데 예금주에게 손실을 분담하는 문제를 놓고 논란이 벌어지고 있다.

사람들은 세금으로 부실 금융 기관을 구제하는 것도 싫겠지만 내가 예금하고 있는 은행이 부실해졌을 때 내 예금을 손해 보는 것도 싫을 것이다. 베일인의 딜레마도 여기에 있다. 둘 사이에서 얼마나

타협할 것인가, 여기에 따라서 예금주는 베일인 대상에서 제외하는 식으로 제도는 껍데기만 남을 수도 있다.

더 근본적인 문제는 과연 예금을 채권이나 투자와 비슷하게 볼 수 있는가 하는 문제다. 대부분의 사람들은 예금을 단지 돈을 보관하고 약간의 이자를 얻는 수난으로 사용한나. 예를 들어, 은행이 장사를 잘해서 수익이 많이 난다고 해도 그게 일반 예금이나 적금에 가입한 예금주들에게 수익으로 돌아오는 것은 아니다. 이자는 미리 정해져 있으며 보통은 완전히 고정되어 있거나 기준 금리에 연동되어 있으므로 이자는 개별 은행의 실적과는 무관하다. 심지어 입출금이 자유로운 예금은 거의 이자가 없다. 그런데 투자나 채권보다야 덜 책임을 묻겠지만 실적이 나쁘면 손해는 나눠서 지라는 것은 무리수라고 볼 수도 있다. 예금주는 투자자나 채권자라기보다는 고객에 가까운데 말이다. 일반 제품을 구매한 소비자는 회사가 망하면 사후 서비스 문제 같은 것은 있을지 몰라도 제품 자체를 빼앗기지는 않는다. 그런데 은행 고객은 은행이 경영이 나빠지면 제품이라 할 수 있는 예금을 손해 본다는 건 어떻게 보면 청소기를 산 고객이 청소기 회사가 부실해졌다고 청소기 바퀴를 빼앗기는 것과 비슷할 수도 있다.

도드-프랭크법: 금융위 보도자료(금융위원회)

2010년 7월 미국은 도드-프랭크법(Dodd-Frank Act)을 통해 글로벌 금융 위기 발생 원인중의 하나로 지적된 은행의 위험 투자를 제한하기 위하여 소위 '볼커룰(Volcker Rule)'을 도입, 볼커룰에 따라 은행의 자기계정거래(proprietary trading) 및 사모투자·헤지펀드(private equity&hedge funds) 투자 등이 제한되는데, 단기매매차익을 위해 은행 등이 고객의 자금이 아닌 자기자금으로 증권, 파생상품 등을 거래하는 행위. 규제 대상 은행은 법 발효일(2012.7.21.)로부터 2년의 경과 기간 이내 (2014.7.21.)에 모든 규제 내용 이행 필요하다.

▶ 2012. 7. 12. 현재 세부 시행 규정이 확정되지 않았으나, 미 연준 등은 규제 대상 은행의 성실한 준비 노력 요구(특히, 최근 JP모건체이스의 파생금융 거래 손실을 계기로 볼커룰 시행 필요성 여론 확산). 볼커

룰은 미국 은행(은행지주사 및 소속 계열사 포함, 이하 같음)뿐만 아니라 미국 내 현지법인·지점이 있는 외국 은행에 대해서도 적용된다.

▶ 현행 볼커룰 시행 규정안(2011.10.11. 예고)에 의하면 외국 은행이 전적으로 미국 밖에서 수행(solely outside of the United States)하는 거래를 제외하고는 볼커룰이 원칙적으로 적용하며 전적으로 미국 밖에서 수행되는 거래로 인정받기 위해서는 ① 외국 은행이 미국 밖에서 설립되었을 것, ② 자기 계정 거래 상대방이 미국 거주자가 아닐 것. ③ 자기 계정 거래가 미국 내 시설·인력을 통해 이루어 지지 않을 것 등의 요건 충족 필요하다.

▶ 따라서 현행 시행 규정안에 따르면 다수의 국내 은행(은행지주사 및 소속 계열 사 포함)들도 볼커룰의 영향을 받게 될 가능성은 ① 미국계 은행의 국내 현지 법인 및 지점과 ② 국내 은행의 미국 내 현지 법인·지점의 경우에는 볼커룰이 전면 적용되고, 한국씨티은행(은행지주사 및 소속 계열사 포함), 뱅크오브어메리카, JP모건체이스, 뉴욕멜론, 웰스파고, 스테이트스트리트 등 미국 내 현지 법인·지점을 두고 있는 대다수 국내 은행의 경우에도 전적으로 미국 밖에서 수행되는 거래를 제외한 미국 관련 거래는

볼커룰이 적용될 가능성을 매우 높다.

▶ 미국 거주자와의 거래, 결제·정산 등이 미국에서 이루어지는 거래 등 볼커룰이 국내 은행에 적용되면 국내 은행의 위험 자산 투자를 억제하는 긍정적 효과도 있으나, 다음과 같은 부정적 영향도 예상 자기 계정 거래와 PEF·헤지펀드 투자(특히, 미국 관련 거래)가 제한됨으로써 국내 은행들의 자산운용 제약 초래 소지되며, 주식·채권, 파생상품거래, PEF·헤지펀드 투자 등이 위축되어 국내 금융 투자 상품 시장의 장기적인 발전 저해 소지, 국내 은행의 볼커룰 관련 법규 준수 체계 운영, 보고의무 등 규제 준수 비용도 상당할 전망이다.

IFRS-9 손상 인식의 적용 범위

IFRS 9 손상 관련 규정으로 인한 가장 큰 변화는 대손충당금 적립 자산의 범위가 대폭 확대되었다는 점이다. 자산 운용의 관점에서 볼 때 현행 기준은 유가증권이 아닌 대출자산에 대해서만 대손충당금을 적립하도록 되어 있으나, IFRS 9 적용 이후에는 유가증권(채권)도 대손충당금 적립 대상에 포함된다.[21]

현행 대손충당금의 적립은 이른바 '발생손실' 모형으로 매입 시의 유효이자율과 측정 시점의 유효이자율의 변동으로 발생한 현가의

---

21 IFRS9의 가장 큰 특징은 측정, 표시, 공시 방법에 있어서 '공정가치'이다. 즉, 측정 방법에서 '원가측정(장부가액) → 시가측정', 수익 표시(인식)에 있어서 '실현주의 → 미래손실 반영'하여 현재의 정당한 가치를 반영하는 공정 가치를 추구한다. 따라서 기업에서 계약에 의해 미리 급부(대가)를 받았더라도 수익으로 인식할 수 없고, 의무 이행이 완료된 시점에서야 수익으로 인식할 수 있다. 이행이 완료되지 않은 상태에서는 미리 수취한 금전에 대해서는 부채로 인식을 하게 된다. 대표적인 것이 IFRS15, 16 계약과 리스에 관한 규정이다.

차이를 대손충당금으로 적립하였다. 개정된 규정은 이른바 'Forward Looking' 원칙을 더욱 강조해서 적용하여 예상손실 모형으로 3단계로 구분하여 대손충당금을 인식하도록 변경되었다.

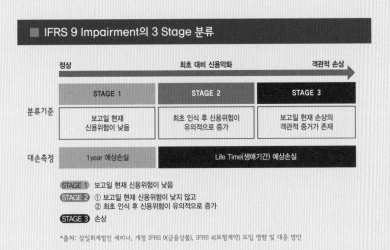

■ IFRS 9 Impairment의 3 Stage 분류

	정상	최초 대비 신용악화	객관적 손상
	STAGE 1	STAGE 2	STAGE 3
분류기준	보고일 현재 신용위험이 낮음	최초 인식 후 신용위험이 유의적으로 증가	보고일 현재 손상의 객관적 증거가 존재
대손측정	1year 예상손실	Life Time(생애기간) 예상손실	

STAGE 1 보고일 현재 신용위험이 낮음
STAGE 2 ① 보고일 현재 신용위험이 낮지 않고
② 최초 인식 후 신용위험이 유의적으로 증가
STAGE 3 손상

*출처: 삼일회계법인 세미나, 개정 IFRS 9(금융상품), IFRS 4(보험계약) 도입 영향 및 대응 방안

기존 대손충당금 적립과 달리 Stage 2는 위에서 적은 것처럼 '① 보고일 현재 신용 위험이 낮지 않고, ② 최초 인식 후 신용 위험이 유의적으로 증가'를 동시에 충족해야 하는 'and' 조건이다. 따라서 금융자산의 절대적인 신용등급이 아니라 각 Case별로 Stage 2에 해당하는지의 식별이 이루어져야 한다.

[IFRS 9의 Stage 분류 예시]

- Case 1: 보고일 현재 신용 위험이 낮고, 최초 인식일에 비해 신용 위험이 유의적
  으로 증가하지 않음 → Stage 1 유지
- Case 2: 보고일 현재 신용 위험이 높고, 최초 인식일에 비해 신용 위험이 유의적
  으로 증가 → Stage 2로 인식
- Case 3: 보고일 현재 신용 위험이 높으나, 최초 인식일에 비해 신용 위험이 유의
  적으로 증가하지 않음 → Stage 1 유지

한편 채무증권 중 FVTOCI로 공정가치를 인식하도록 분류된 경우
에는 IFRS 9 손상 규정으로 인해 가치 변동 중 신용 위험의 변동분 만
을 분리하여 손익(PL) 계정으로 처리해야 한다. 금융 자산의 분류 및
측정에 비해 이 '손상' 규정은 도입으로 인한 손익 효과 및 기업의 내
부 업무 프로세스 및 시스템 변화에 대한 부담이 훨씬 더 클 것이라
예상된다.

일단 유가증권인 채권도 매입 시점부터 향후 12개월분의 예상손
실을 미리 반영하도록 하고 있어 적용 시점의 손익효과가 있을 것으
로 예상되며, 신용 위험의 변화를 지속적으로 측정하여 반영해야 하
기 때문에 기업 내부의 신용 위험(Credit Risk) 측정 모델 및 시스템이
상당 부분 정비되어야 할 것으로 보인다. 한편으로 어쩌면 채권 같은

바젤3 모멘트(BASEL III MOMENT)

유가증권의 경우 공정가치 변동을 외부 평가사로부터 수신 받는 경우가 많기 때문에 이 정보에 Credit Spread 변동분을 구분하는 것으로 해결될 수 있을 것도 같다.

그러나 대출자산의 경우 소액 다건의 집합자산인 소매대출(신용, 부동산 담보 등)은 향후 12개월(Stage 1) 및 생애 전 기간(Stage 2, 3) 미래 예상손실의 추정에 각 기업의 과거 경험 Data를 활용할 수밖에 없으며, 특히 특정 지역별(예: 경기남부 용인 지역의 대출 등)로 위험 변동을 측정해서 반영할 수도 있기 때문에 상당한 수준의 내부 신용 위험 평가 모델 및 관련 시스템을 구축하는 것이 불가피하다고 생각된다.

> **〔IFRS9 국제회계기준 반영〕**
>
> - 손상: 충당금 산출방법 변경(발생손실 모형 → 예상손실 모형)
> - 분류·측정: 금융 상품 분류체계 단순화(4분류 체계 → 3분류 체계)
> - 위험회피회계: 효과성테스트 요건 완화(전진법+소급법 → 전진법)

[참고문헌] 삼일포럼 배포 자료, "개정 IFRS 9(금융 상품), IFRS 4(보험계약) 도입영향 및 대응방안"

〈손상: 충당금 산출방법 변경(발생손실 모형 → 예상손실 모형)〉

구분	발생손실모형(IFRS)	예상손실모형(IFRS9)	비고
손상 인식 기준	- 손상발생의 객관적 증거가 있는 경우에만 손상인식 *당좌거래정지, 90일 이상 연체 등	- 향후 발생할 것으로 예상되는 손실을 손상으로 인식	손상사건이 발생하지 않았어도 손실징후가 나타나면 손상 인식
손상 측정	- 개별평가대상과 집합평가대상으로 구분 (개별평가) 부도해당업체와 유의적 어려움이 발생한 차주 (집합평가) 개별평가대상 이외 차주	- 차주의 신용도 악화 정도에 따라 3단계로 구분 <table><tr><td>구분</td><td>신용도</td></tr><tr><td>1단계</td><td>최초인식(정상)</td></tr><tr><td>2단계</td><td>신용도의 유의적 악화 (투자등급미만 등)</td></tr><tr><td>3단계</td><td>객관적 손상증거 발생 (부도 등)</td></tr></table>	정상차주라 하더라도 신용 상태 악화된 경우 충당금 추가 설정
충당금 산출 방법	- 개별평가대상 · 장부금액과 미래현금 흐름을 최초 유효이자율[1]로 할인한 현재가치와의 차이 - 집합평가대상 · 바젤III 기준의 충당금 산출 요소를 조정하여 산출[2]	- 1단계: 향후 1년 예상손실 - 2·3단계: 잔존만기 예상손실	예상손실로 충당금 산출 기준 변경
충당금 설정대상	- 대여금 및 수취채권, 지급보증, 대출약정	- 대여금 및 수취채권, 지급보증, 대출약정, 회사채	유가증권중 "회사채" 추가

1) 최초 유효이자율: 당행은 부도직전(최근) 공정가치 시스템의 유효이자율 혹은 부도직전 (최근) 적용하던 계좌이자율을 최초 유효이자율로 정의
2) 부도시익스포저(EAD)×부도율(PD)×부도시손실률(LGD)

〈분류·측정: 금융 상품 분류체계 및 측정 방법 변경〉

기존(IFRS)		변경 후(IFRS9)	
분류	**손익측정**	**분류**	**손익측정**
단기매매 금융 자산	- 평가손익을 당기손익 으로 반영	당기손익 인식 금융 상품	- 평가손익을 당기손익 으로 반영
매도가능 금융 자산	- 평가손익을 자기자본 (기타포괄손익)으로 반영 - 손상차손 인식	기타포괄손익 인식 금융 상품	- 채무증권 충당금 설정 - 지분증권 손상차손 미 인식
만기보유 금융 자산	- 원가법	상각 후 원가 측정 금융 상품	- 만기보유증권 충당금 설정
대출채권	- 충당금 설정		

〈위험회피회계: 위험회피회계 효과성 테스트 방법론 등 변경〉

구분	기존(IFRS)	변경 후(IFRS9)	비고
유효성 기준	정량적 기준 존재 (80~125%)	정량적 기준 폐지 정성적 조건 일치 시 유효한 것으로 간주	요건 완화
유효성 테스트 방법	전진법·소급법[주] 각각 수행	전진법	

주) 전진법: 기존 헤지 방식이 향후 유효성 범위 내인지 검증

소급법: 헤지 방식이 과거 3개월 이내 유효성 범위 내인지 검증

출처: 수출입 은행

4부

보험,
IFRS4-2(17) 단계 충격
(2020-2022)

1990년대 후반에서 2001년 초, 급속한 경기 침체로 부실보험사에 대한 불안감이 확산되어 보험사 중 생명보험사 일곱 곳, 손보사 두 곳이 파산했다. 파산의 이유는 저금리 역마진으로 인한 것으로, 이러한 저금리 역마진은 대만이 최근 경험하였고 한국은 2014년부터 본격적으로 진행기에 들어가고 있다.

본격적인 부실 징후가 나타나는 역마진 상품으로는 1999~2007년까지 판매한 7~8%대의 고금리 확정 상품인 연금저축보험이 거의 대부분이다. 저금리, 수명 연장으로 인한 초고령화 사회로 인하여 한국의 경우 예상 역마진 적자가 40조 원 이상을 차지할 것이라는 연구 논문들이 있다. 이는 IFRS4-2가 본격적으로 진행되기 2~3년 전에 추정된 액수이다. 논문들은 향후 파산하거나 합병, 외국자본에 팔려 나갈 보험사들이 쏟아져 나올 것으로 전망하고 있다. 즉, 새로운 국제회계기준이 도입되기 직전인 2018~2019년에 한국에서 보험사 매물이 쏟아질 것이다. 최소 중소형 보험사 5~7개는 파산에 이를 가능성이 높다.[22]

지난해 모 신문사 인터뷰에서 일본 도쿄의 야마우치 쓰네토 일본악사다이렉트 전 임원은 이렇게 단언했다. 삼성생명 고문으로도 활동하는 등 국내 보험업계에 정통한 야마우치는 인터뷰에서 "파산에 근접한 보험사 매물을 사들이려는 곳도 많지 않을 수 있다."라고 염려했다.

외국의 경우, 자산이 16조 원에 이르는 알리안츠가 단돈 35억 원에 중국 안방보험에 팔린 것은, 외국 자본의 입장에서 한국 보험 시장을 얼마나 위험하게 보고 있는지를 보여 주는 사례이다. 합병이나 유상증자를 한 보험사의 경우 파산을 피할 수 있을 전망이나, 문제는 파산이 우려되는 중소형 보험사의 경우, 소비자들의 보험 불신으로 홍

---

22 한국은행 발표와 나이스 신용평가에 따르면 국내 25개 생명보험사의 보험부채가 시가평가로 바뀌게 될 경우, 25조 원에서 최대 44조 7천억 원 늘 것으로 추산했다. 손해보험사의 보험부채를 조사했을 때도 약 10조 원 정도 증가할 것으로 추정하고 있으며, KICS 도입 영향에 따라 100조 원까지 추정하고 있는 중이다.

역을 앓게 될 가능성이 매우 높다.[23]

이 중 일부는 인수할 보험사가 없어 보험가입자들이 연금보험을 지급받지 못하여 이로 인한 사회 문제가 나타날 확률이 높다. 이와 관련해 이후에 불어닥칠 것이 바로 일본의 경우 폭주 노인의 증가 같은 문제다. 연금과 저축이 바닥난 노인들은 범죄 유혹에 빠져들고 독거의 빈곤보다 범죄를 저질러서라도 감옥에 가는 길을 택하는 선택이 늘게 된다는 것이다. 대만의 경우, 2000년 초반에 5% 수익률이 2.8%까지 떨어지면서 일본의 전철을 밟아 가고 있으며 한국의 경우 역마진 현실은 2014년부터 본격적으로 나타나고 있다.

노인범죄 증가가 우리나라에서 심각한 이유는 노인 빈곤율이 OECD 최고인 49%에 달하고 있으며, 노인 자살률은 1위에 해당한다는 점에서이다. 즉, 한국의 현 상황은 일본의 나쁜 면만을 닮아 가고

---

23 보험회사의 자산·부채를 완전 시가평가하여 가용자본을 산출하고, 금융·보험환경 악화 시 예상손실을 요구자본으로 산출
   ① 가용자본 산출 기준: 시가평가에 의해 산출된 순자산(자산-부채)을 기초로 가용자본을 산출하되, 손실흡수성 정도에 따라 '기본자본'과 '보완자본'으로 분류하고 손실흡수성이 낮은 보완자본에는 인정한도 설정. 요구자본의 50%와 기본자본 중 큰 금액
   ② 요구자본 산출 기준: 보험계약 인수 및 자산운용 등으로 인해 노출되는 위험을 5개 리스크로 구분하고, 생명보험사의 경우 장기손해보험리스크, 일반손해보험리스크, 신용 리스크, 시장리스크, 운영 리스크를 반영하게 된다. 99.5% 신뢰 수준 하에서 향후 1년간 발생할 수 있는 최대손실액을 충격 시나리오 방식으로 측정하여 요구자본 산출하는 방식이다.

있는 형세이다. 2010년 7,965건의 61세 이상의 노인범죄가 2015년 9,415건으로 약 20% 가까이 증가하였다.

과연 그렇다면 한국인들이 저축한 노후 연금저축은 안녕할까? 2020년 이후의 IFRS4-2단계 실행 시 결코 안전하지 않다는 말씀을 드리고 싶다. IFRS4-2단계란 은행의 BIS를 측정하는 회계 원칙으로 기존까지의 원가평가에서 시가평가라는 것으로 국제 회계 기준이 바뀌는 것을 의미한다.[24]

문제는 저금리가 장기화된 상황에서 과거 보험사들은 1990년대 후반에서 2000년대 중반 높은 금리의 확정형 상품을 팔아 왔고, 이 연금 저축보험의 폭발적 성장으로 보험업계가 성장했다는 것이다. 그러나 저금리가 지속되면서 2014년부터 역마진이 발생하고 있는 것이다. 이러한 문제를 언론에서는 중요하게 다루고 있지 않다.

---

24 책임 준비금 적정성 평가(LAT: Liability Adequacy Test): 미래 현금 흐름을 현재가치를 평가하여 부족액이 발생하는 경우 책임준비금(보험부채)을 추가 적립하도록 하는 제도이다. 보험부채에 대한 평가·적립이 2021년 도입될 IFRS17 수준에 근접하도록 책임 준비금 적정성평가(LAT) 제도를 개선 중에 있다.

구분		현행 지급 여력제도(RBC)	2021 新 지급 여력제도(K-ICS)
가용자본	자산평가	시가평가 및 원가평가 대출채권, 만기보유채권 등	완전 시가평가
	부채평가	원가평가(적정성평가(LAT)로 보완)	
요구자본	리스크 구분	① 보험리스크 ② 금리리스크 ③ 시장리스크 ④ 신용 리스크 ⑤ 운영 리스크	① 생명·장기손해보험리스크 ② 일반손해보험리스크 ③ 시장리스크(금리리스크 포함) ④ 신용 리스크 ⑤ 운영 리스크
	리스크 측정 방식	위험계수방식 (위험계수×위험 익스포져)	충격시나리오 방식 중심 (현금 흐름 방식이 중요하지 않은 ②, ④, ⑤는 위험계수 방식 적용)
	신뢰 수준	99%	99.5%
건전성 기준		지급 여력비율(=가용자본÷요구자본) ≥ 100%	

99.5% 신뢰 수준 하에서 향후 1년간 발생할 수 있는 **최대손실액을 충격 시나리오 방식**으로 측정하여 요구자본 산출

지금까지는 보험사의 주식이나 채권에 대해서 대손충당금 형식이 원가 평가라는 방식이라서 큰 문제가 되지 않았다. 그렇지만 유럽에서 이미 도입된 솔벤시2 같은 국제기준에서 본다면 보험사가 연금저축이나 주식에 대한 엄청난 손실을 보존해야 한다.

과거의 생보사들이 6~8%의 고금리로 확정된 상품을 팔아 왔는데, 지금 보험사의 운용 능력으로는 이 확정금리를 보장할 수 없게 되었

---

25 금리·주가·사망률 등 위험요인이 불리하게 변동하는 시나리오에 따른 순자산 감소분을 요구자본으로 측정(SolvencyII 및 ICS와 동일한 방식)하는 新지급 여력 제도(K-ICS) 구조

다. 지금까지 폭발적 외형 성장을 해 온 국내 보험사들에게는 특히 저축성 보험에 대한 역마진 공포가 시작되고 있는 것이다.

■ 재무건전성 규제 강화에 따른 생보사 지급여력(RBC) 비율 변화 (단위:%)

● IFRS4 Phase2는 국제보험 국제회계기준 2단계, 2015년 이후는 예상치

규제변화 없음

RBC 강화

RBC강화 + IFRS4 Phase2 시행

	2013년	2014년	2015년	2016년	2017년	2018년
규제변화 없음	286					284
RBC 강화						207
RBC강화 + IFRS4 Phase2 시행						104

*출처: 보험연구원

■ IFRS4 2* 도입 시 생명보험사 추가 자본 적립금 예상액

*새로운 국제회계기준

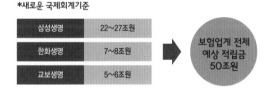

삼성생명	22~27조원
한화생명	7~8조원
교보생명	5~6조원

보험업계 전체
예상 적립금
50조원

*출처: NEWSPIM

이러한 역마진은 최고의 대어였던 독일계 알리안츠가 중국 자본에 35억에 팔려 나가면서 부각되었다. 알리안츠는 국내 11위로 자산운용 16조 원 규모의 보험사이며 최근까지 흑자를 기록하던 보험사였

다는 점에서 그 충격이 컸다. 그러나 솔벤시2가 도입된 유럽의 경우, 알리안츠의 연금 저축성 보험 손실이 2020년 이후에는 대손충당금 규모가 1조~1조 5,000억 원 규모이기 때문에 실질적으로는 알리안 츠가 중국 안방보험에 1조~1조 5,000억 원에 팔린 것으로 보고 있다. 이미 동양생명이 중국 자본에 넘어가 있는 상태에서 생보업계 5위의 ING 또한 헐값에 팔릴 가능성이 높아, 시간이 갈수록 국내 보험업계 에 대한 우려의 시각이 높아지고 있다.

과연 IFRS4-2단계 진행 시 국내 보험업계가 쌓아 놓아야 할 금액 추정치가 얼마이기에 보험사들이 앞으로 줄줄이 헐값에 매각되거 나 중소 보험사의 50% 이상이 파산할 것이란 이야기가 나오고 있을 까. 생명보험협회에 따르면 2015년 기준 25개 생보사들의 부채는 총 660조 원으로, 이 중 IFRS4-2단계 진행 시 최악을 가정하고 전체 부 채가 26% 증가하면 171조 원이 된다. 이에 대한 50%의 대손 준비금 86조 원을 더 쌓아야 하는 것이다. 현재의 재무 건전성을 유지하려 면 이 같은 준비금이 추가적으로 필요하며 RBC 150% 기준 적정성만 따질 경우로는 49조 원이 필요하다는 보험연구원의 연구 결과가 있 다. 지금의 지급 준비 여력인 250% 이상에서 300% 기준을 준수하려 면 80조 원 이상 170조 원을 충당 적립해야 한다고 결론에 나타나 있 다. 국제 최소 기준인 150% 최소 자본 비중을 충족하여 준비한다고

하여도 최소의 자본은 42조~49조 원이 필요한 상황에 처해 있다. 결론은 아무리 적게 잡아도 보험사 생존을 위해서는 40조 원 이상의 자본 확충이 필요하다는 것이다.

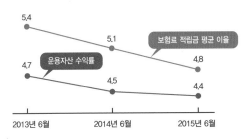

■ 생명보험사 역마진 현황 (단위:%)

보험료 적립금 평균 이율

운용자산 수익률

5.4

5.1

4.8

4.7

4.5

4.4

2013년 6월   2014년 6월   2015년 6월

우리나라 보험사 대주주의 모럴 헤저드는 어디까지인가,
수십조 준비금이 필요한 상황에서 대규모 주주배당까지

IFRS4-2단계 시가 평가를 하면 매년 달라지는 시장 금리에 적용하여 대손충당금을 쌓아야 한다. 현재 시장 금리가 반 토막 이하가 난 상황에서 보험사에 다가올 IFRS4-2단계 평가 방식은 거의 재앙에 가까운 괴물이다. 즉, 장기적인 역마진 공포에 충당금을 준비하지 않으면, 국제적인 회계 기준에서 퇴출이나 파산을 의미하기 때문이다.

일본의 일부 보험사는 파산한 이후 주인을 찾지 못하여 보험계약자들이 연금저축보험을 한 푼도 손에 쥐지 못한 일이 발생하였다. 연금저축보험에 든 계약자들에게 이 상황은 초미의 관심사로 대두될 것이다. 2015년 생보업계 수익이 3조 2,000억 원을 기록하고 있지만, 대주주 배당을 지속적으로 실시해 왔다는 점, 중소형 보험사배당이 대주주 위주로 배당이 실시된 점을 미루어 보면 IFRS4-2 시행이 다가오고 있는 현실에서 대주주의 도덕적인 해이, 즉 모럴 해저드의 심각성을 우려하지 않을 수 없다.

준비금을 생존에 필요한 최소 기준에 맞추려고 하여도 43조~50조 원이 모자란 상황에서, 2014년 한 해에만 1조 4,000억 원을 주주에게 배당했다. 지금 주식 시장에 상장된 상장사 대비, 평균 배당이 2배에 이르는 배당 비율이다. 보험사 파산을 걱정하고 우려하고 있는 시기에 순이익의 30% 이상을 지속적으로 배당하였고, 업계 1위인 삼성생명만(IFRS4-2 시행 시 최소 19조~25조 원의 자본 확충 필요) 해도 3,400억 원, 한화생명은 1,488억 원(35.55%), 헐값 매각우려가 있는 MBK의 경우 44.97%인 1,005억 원을 배당했다.

문제는 보험의 이러한 도덕적 해이 현상에 대하여 금융감독원 같은 정부 기관의 지도 감독과 감찰이 적절하게 이루어졌냐는 것인데,

결코 그렇지 않다고 본다. 우리나라의 경우 보험금을 낸다고 한다면 보험금을 받을 수 있다는 보험신화가 2018년 이후 바닥부터 흔들리는 상황에 이를 것이다. 유럽 보험사들은 솔벤시2의 시행에 앞서 15년간 모니터하고 재정적으로 준비하였는데, 우리나라의 보험사들은 위험성을 감당하기 위한 준비 기간임에도 불구하고 고액 배당을 함으로써 보험사의 RBC 리스크를 지속적으로 확대해 왔다.

〈7대 보험사 2014~2017년 배당액〉

배당액 (억 원)	삼성생명	교보생명	현대해상	동부화재	메리츠 화재	동양생명	삼성화재
2014년	3403	768	603	918	400	561	1989
2015년	3328	1025	598	981	602	632	2215
2016년	2155	1353	1076	1044	910	204	2593
2017년	3592	1025	1196	1456	1245	561	4215
총액	12,478	4,171	3,473	4,399	3,157	1,958	11,012

2017년 하반기부터 본격적인 문제가 나타날 경우, 국민들이 받을 충격은 생각보다 심각할 것이다. 자체 준비 기간을 2018년에서 2020년으로 관리 당국이 미뤘음에도 고배당을 지속했다는 것은 도덕적 관리감독 의무를 스스로 벗어던진 것이다.

결국 IFRS4-2 시행 전이나 후에 보험사 헐값 매각과 파산이 일어난다면 국민들에게 다가올 충격은 보험사에 대한 신화의 붕괴로 옮겨

질 것이다. 일본의 부동산 파산 과정보다 지금 한국의 보험 시장 파산이 더 큰 인식적 충격에 부딪히게 될 것이다. 그리고 이 문제에 대한 도덕적인 책임 문제가 도마에 오를 것이다.

그렇다면 보험사가 쌓아야 하는 금액의 최소 추정액은 얼마인가? 한화생명 7조 원, 삼성생명 22조 원, 교보생명 6소 원 등 새로 쌓아야 하는 준비금만 35조 원 이상이 될 것이라는 전망이 속속 보고서에 등장하고 있다(2014년과 2015년 연구 보고서와 조세일보 등). 법률상 RBC 비율이 평균 300% 가까이 되어, 지금 기준으로는 건전성에 문제가 없으나 2020년 IFRS4-2 시행 시에는 100~95% 수준까지 떨어지게 된다. 국내 법률상의 100%에는 문제가 없으나, 국제적인 기준인 150%에는 하회하는 수준이다.

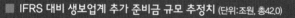

국제적인 합의에 의한 보험을 실행할 것이기 때문에, 국내 기준 충

족은 의미가 없다고 본다. 결국 국제적인 보험 위험성을 보는 150% 이상을 충족하려면, 40조~50조 원에 가까운 충당금 적립이 불가피하다. 이 경우 중소 보험사 중에 상당수는 인수합병과 퇴출 과정을 겪을 전망이다. 국내 1위인 삼성생명의 경우, 과거 7%대의 보장 금리로 보험 상품을 팔았을 경우, 판매 금리인 7%를 깎은 액수만큼 책임준비금을 준비하여 두면 된다. 이를테면 현재 3%의 금리라면, -4%로 손실이 발생하는 것이다.

IFRS4-2단계에서는 시장 금리가 1% 금리일 경우 6%만큼의 책임준비금을 더 쌓아 놓아야 한다는 시장평가, 즉 시가평가 방식이 주 골자이다. 또한 보험사가 보유한 주식이나 채권의 경우, 시가에서 40%를 위험으로 인식하여 위험요구자본을 더 쌓아 놓아야 한다. 예를 들면, 삼성생명은 삼성전자 등 보유 주식과 채권의 경우에 대해서 위험준비분담금을 더 쌓아야 한다. 즉, 현재 20% 정도의 위험 인식보다 20% 증가된 자본을 더 쌓아 놓아야 한다는 것이다. 결국 삼성생명이 가지고 있는 삼성전자의 7%가량의 주식의 경우, 시세는 17조 원이므로 이의 40%인 6조~7조 원의 책임준비금을 준비해야 한다는 것이다. 즉, 위험성 인식의 분담금을 쌓아야 하기 때문에 채권과 주식에 대한 정리가 불가피하게 된다.

결국 보험사들은 IFRS4-2를 준비하기 위하여 적게는 40%에서 많게는 60%까지 채권과 주식을 시장에서 매각해야 한다는 결론에 이르게 된다. 이미 시장에는 2014년부터 삼성생명 본사와 지방사의 빌딩 매각 등 대형 오피스 건물이 시장에 나오기 시작하였다. 2018년부터는 채권이, 2019년부터는 보험사들의 주식이 주식시장에서 매각되어 매물이 홍수를 이룰 선방이다.

이것은 삼성생명의 경우일 뿐이다. 이러한 시장의 시계열적인(확률적 현상을 시간적으로 관측하여 얻은 값의 계열) 특성과 시장 불안성, 매물 폭증 현상은 시간이 갈수록 확대될 전망이다. 지금 현재 보험사들 대부분은 정부의 얼굴만 쳐다보고 있다. 상대적으로 몸값이 상승한 보험사의 대형 오피스 건물 등 부동산이 2015년 기준으로 시장에 나오고 있으며, 2017년 전후로 시장에 매물이 급격하게 증가할 것으로 예상된다. 결국 부동산 매각, 채권 매각, 주식 매각의 순서로 진행될 것이다.

즉, 모든 부동산, 주식, 채권에 대해 위험 분담금이 증가하기 때문에 이것에 대한 보유 비중을 축소할 수밖에 없는 구조라는 것이다. 이 시간표대로라면 한국의 자산 시장에 나올 생보사와 보험사의 부동산과 채권 그리고 주식의 경우, 삼성생명의 경우만 20조 원 정도

(추정)에 이를 것이며, 기타 보험사의 부동산, 채권과 주식을 합하면 약 40조 원 이상이 매물로 나올 수밖에 없다. 보험사들은 2017~2020 년까지 자산시장에 부동산, 채권, 주식을 매각하여 생존을 위해 안간힘을 쓸 것이다. 2015년부터 삼성은 태평로 사옥을 부영에게 5,800억 원에 매각하였고 종로타워, 수송타워 등 1조 원 이상을 매각하였다. 그러나 전국 보험사들의 부동산 매각이 진행되고 있으나 기대에는 못 미치는 상황이다.

삼성생명뿐 아니라 32개 전 보험사의 경우도 삼성생명과 비슷한 처지에 있을 것이다. 그렇다면 연금성 저축보험에 의한 역마진 공포가 부동산, 채권, 주식 전 분야의 투매로 급격하게 이루어질 가능성이 상당히 높다. 현재 IFRS4-2 시스템에만 투자하는 비용이 1조 원인 상황으로 볼 때, 보험사 진통으로 인해 국민들에게 닥쳐올 고통은 이미 예정되어 있다. 보험사 신화의 붕괴는 상위 빅3 보험사보다 중소형 보험사에 닥칠 가능성이 크다. 보고서들은 일본의 경우처럼 보험사 파산이 불가피할 것으로 경고하고 있다.

문제는 더 큰 위기의 폭탄이 있다는 것이다. 2022년 도입되는 IAIS (국제보험감독자협의회)의 ICS 대상에 삼성생명, 한화생명, 삼성화재 등이 포함될 가능성이 높다. 그렇다면 IFRS4-2를 다행히 넘긴다고 하여도, 국제 자본 규제의 연결 기준인 자기 자본 기준(ICS, Insurance Capital Standard)에 해당될 경우 추가 자본규제라는 또 다른 회계 기준 괴물이 기다리고 있는 것이다. 이같이 국내 보험사의 가시밭길은 예고되어 있다. 그러나 이러한 사실에 대하여 관리감독 기관과 보험사가 제대로 준비되고 있는지는 의문이다. 그리고 언론은 이러한 위험에 대해 제대로 알릴 의무가 있지만, 중요한 비중으로 다루고 있지 않은 실정이다.[26]

---

26 EU는 2018년 리스크 중심 재무건전성 감독제도인 솔벤시2의 도입을 목표로 추진 중에 있다. 유럽보험감독자위원회(CEIOPS)는 2007년 7월 유럽의회에 솔벤시2의 기본 체계를 상정하고, 이미 네 차례의 계량영향평가(QIS)를 실시하였다.

BASEL III MOMENT

바젤3와
부동산 시장 공급 과잉
민스키 모멘트 재앙

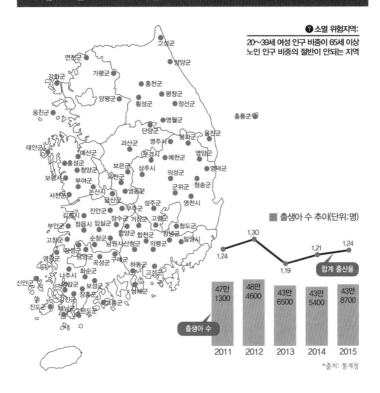

■ 인구 소멸 우려 80개 시/군

❓소멸 위험지역:
20~39세 여성 인구 비중이 65세 이상
노인 인구 비중의 절반이 안되는 지역

■ 출생아 수 추이(단위:명)

1.30
1.24
1.19
1.21
1.24

합계 출산율

출생아 수

2011	2012	2013	2014	2015
47만 1300	48만 4600	43만 6500	43만 5400	43만 8700

*출처: 통계청

■ 시나리오별 우리나라 예상인구

시나리오	인구감소 시작 시점	인구 회복 시점	2200년 인구 총인구
현재 출산율 1.21명 유지 (2014년 기준)	2021년	회복 불가능	322만명
2030년 출산율 2.1명 달성	2032년	회복 불가능	2456만명
2030년 출산율 2.3명 달성	2035년	2096년	4232만명
2030년 출산율 2.3명 달성	2032년	2102년	3920만명
2030년 출산율 2.3명 달성	2028년	2108년	3698만명

*출처: 국회입법조사처

국민주택기금의 전세자금대출을 포함하여 시중 은행에 공급된 전세자금대출액은 2012년과 2013년 각 29%와 20% 늘어났다. 이는 전세자금대출 증가율이 일반 가계 대출 증가액의 4.8배를 초과하는 것이다. 2011년 18조 원 규모의 전세자금대출이 2014년 말 35조 원을 기록하는 등 3년 사이 1.8배 이상이 늘어 건국 사상 최대의 증가폭을 기록했다. 이는 전세금 인상이 주택 가격 상승을 견인했다는 것을 알 수 있는 대목이다. 2016년 기준 서울의 전세 평균 가격은 2억 6,000만 원 정도이며, 수도권은 1억 5,000만 원에서 2억 원, 전국 평균은 1억 5,000만 원 정도이다. 이러한 전세 가격 상승은 2012년에서 2014년 사이에 폭발적이었다.

이미 주택담보대출 총액은 480조 원인데 주택 전월세자금 총 규모는 520조 원으로, 주택담보대출액을 넘어서고 있는 실정이다. 이 기간 수도권-경북 대구-대전의 전세금이 폭발적으로 인상되어, 동기간 이 지역들의 주택 가격 상승과 연계하여 볼 경우, 주택가 상승과 전세 가격은 연동함을 알 수 있다. 또한 동기간 전세가 반전세 또는 월세로 전환되는 비율은 2011년 24.6%에서 2014년 40.5%로 2배 이상 월세로 전환되는 추세이다. 이는 결국 주거비 상승으로 이어지고 있으며, 집 없는 60%의 국민이 고월세로 전환되는 상황에 처해 있는 것이다.

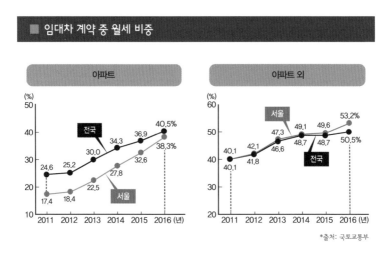

또한 2015년부터 한 해 50만 호에 달하는 공급 과잉이 3년간 이어

져, 2017년 하반기부터 입주 물량 폭탄으로 인한 입주 이동 사태가 수도권을 중심으로 본격화될 예정이다. 이자비용을 감당하지 못할 건설사 한계 기업이 42% 가까이 추정되고 있어, 공급 과잉 입주 폭탄이 터지는 2017년 하반기부터 악성 미분양 문제가 서서히 부각될 예정이다.

주택 가격은 1997~1998년 IMF 이후 폭락이 있었으나, 2000년 초반 반짝 상승하였다. 그런데 2004~2005년 주택 가격 상승 기간에 공급 물량이 증가하여 다시 부동산 침체 현상이 있었다. 2017~2018년에는 동 기간 아파트만 70만 호가 입주 예정되어 있으며, 이후에도 주택 공급이 1~2년간 최대 물량의 입주를 앞두고 있다. 1997~1998년 당시는 주택 보급률이 60%인 상태에서, 주택 가격이 40%가량 떨어지는 상황이었다. 그러나 2017~2018년, 2019~2020년 입주 공급 폭탄이 반복될 경우, 이미 주택보급률이 116% 이상인 우리나라의 경우는 IMF 시절보다 더 큰 충격을 받아 주택 시장의 하부가 붕괴될 가능성이 크다.

아파트 공급이 폭증하고 있는 상황에서 건설사들은 2009년 이후 침체를 벗어나는 모양새를 보이고 있다. 그러나 2017년 하반기 건설사에 대한 정부의 구조조정이 시작된다면 문제가 심각해진다. 이미 건설사의 40% 정도가 이자비용을 감당하지 못하는 한계 기업이다. 이자비용을 감당할 수 있는 상태를 보여 주는 이자보상비율은 4조 1552억 원, 영업손실률은 -173%로 이미 한계를 넘어선 상태이다. 2015년 분양되는 아파트 물량만 50만 가구로, 이를 정점으로 건설사는 구조조정 태풍에 휩싸이게 될 것이다. 2015년 분양 승인된 가구만 76만 가구로 정점을 찍고 있다.[27]

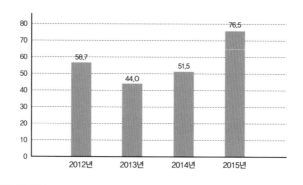

27 재고 대비 입주율은 2015년 기준으로 하남시 98.1%, 화성시 60.8%, 광주시 47.8%, 시흥시 45.5% 등이다. 경기 전체로 본다면 20% 이상의 재고 대비 입주이며, 시흥, 광주, 김포, 양주, 오산, 평택, 하남, 화성의 아파트만 해당했을 경우에 40% 이상의 재고이다. 오피스텔, 빌라, 다가구, 단독 등을 합친다면 주요 신규택지 지구의 평균재고율은 50%를 초과하게 된다. 2016~2019년 아파트 입주만 50만 채이며, 빌라 15만 채, 오피스텔 7만 4천 채를 합산할 경우(원룸 제외) 72만 4천 채이다. 이를 3인 가구 기준으로 환산해 본다면 220만 명의 입주를 기다리고 있다.

바젤3 모멘트(BASEL Ⅲ MOMENT)

문제는 2008년 PF 부실사태로 저축은행이 초토화된 사례를 보다 시피, 잠재적 부실은 아직 수면으로 드러나지 않은 상태라는 것이다. 구조조정 기간을 거쳐 잠재적 부실이 드러난다면, 이 또한 파장이 만만치 않을 것이다.

　지난해 전국 주택 인허가 물량은 76만 5,328가구로 전년보다 48.5%가 늘었다. 관련 통계가 시작된 1977년 이후 최고치다. 2016년 1분기 전국 주택 인허가 물량도 16만 3,009가구로 2015년 같은 기간(11만 8,772가구)과 비교해 37.2%나 늘었다. 2018년 입주 물량을 45만~48만 가구로 추정한다면 2018년 45만 호에 달하는 입주 물량이 뇌관으로 작용할 가능성이 매우 높다. 이는 주택 인허가 추이를 살펴보면 잘 나타나는데, 2014년 51만 5,000가구 인허가를 시작으로 2015년 76만 5,000가구에 이르는 등 2013년 기준에서 각각 17%, 48% 증가된 수치를 보이고 있다. 이는 근 20년간 최대의 증가폭이다.[28]

28　부동산 114에 따르면 2018년 전국 오피스텔 입주 물량은 7만 2천 666실이며, 하남시에서만 2만 가구의 오피스텔이 공급되고 있으며, 2018년부터 경기도에는 전체 입주 물량의 절반에 달하는 3만 6천 실(46.86%)이 입주를 하게 된다. 이어 2017년에 공급 물량이 많은 곳은 고양(9천 실), 시흥(7천 실), 수원(7천 실) 등이다. 또한 오피스텔이 대량으로 공급되는 동탄 2신도시에선 2017년부터 2020년까지 약 5만 가구가 입주할 예정이다.

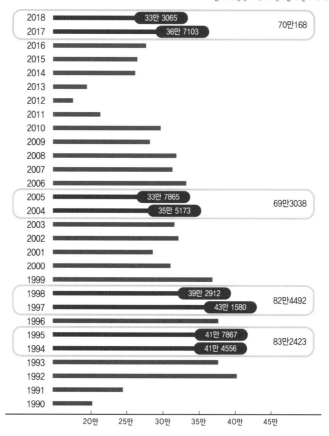

1990년~2018년 전국 연간 아파트 입주물량

*출처: 부동산 114(2016년 5월 27일 조사 기준)

연도	입주물량
2018	33만 3065
2017	36만 7103
	70만168
2016	
2015	
2014	
2013	
2012	
2011	
2010	
2009	
2008	
2007	
2006	
2005	33만 7865
2004	35만 5173
	69만3038
2003	
2002	
2001	
2000	
1999	
1998	39만 2912
1997	43만 1580
	82만4492
1996	
1995	41만 7867
1994	41만 4556
	83만2423
1993	
1992	
1991	
1990	

이 중 2015년 아파트 분양 물량만 건국 이후 최대인 50만 가구를 기록 중이다. 2017년 하반기부터 본격적으로 입주가 시작되고, 42만 가구의 아파트 입주 공급에 도시형 생활 주택 및 단독 오피스텔 인허가까지 더해진다면 60만 가구에 이르는 공급이 이루어질 것으로 추

정된다.

오피스텔과 도심형 생활 주택 그리고 일부 산업 수요 원룸은 재앙 수준이다. 일례로 2013년 파주 LG산업단지 원룸은 90% 이상 공실이었던 악몽이 있었다. 산업단지 이전이 국외화되고 산업단지 내 기숙사가 확대되어 깡통 원룸의 공포도 지역에서 확대될 듯하다.

상가의 경우 2015년 기준으로 공실률은 서울 7%, 수도권 10%, 비수도권 12% 선이다. 오피스텔은 2011년에 3만 실을 넘어섰고, 저금리 기조 속에 2014년 4만 2,000실이 분양되었다. 2015년은 여기에서 40%가 빠진 3만 실 규모가 분양되었지만, 수도권 오피스텔 분양률은 40% 정도로 거의 재앙에 가까운 실정이다. 도시형주택과 기타 원룸 수요가 깡통이 된 것은 전국적으로 벌어지고 있다. 언론은 쉬쉬하고 있지만, 2017년 하반기부터 예고된 재앙은 다가오고 있다.

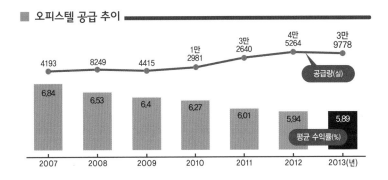

■ 오피스텔 공급 추이

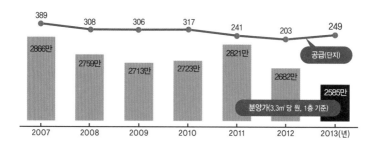

2017~2020년 부동산 시장은 공급 과잉 민스키 모멘트[29] 재앙, 주택 시장에는 역전세 대란의 공포가 오고 있다

그렇다면 2017년부터 2020년 사이 아파트 100만 가구 이상의 입주 폭탄과 기타 인허가 물량까지 160만 가구가 입주를 시작한다면 대한 민국에는 도대체 무슨 일이 벌어질 것인가?

---

29 과도한 부채로 인한 경기 호황이 끝나고, 채무자의 부채상환능력 악화로 건전한 자산까지 팔기 시작하면서 자산 가치가 폭락하고 금융 위기가 시작되는 시기를 의미한다. 미국의 경제학자인 하이먼 민스키가 주장한 '금융 불안정성 가설(Financial Instability Hypothesis)'에 따른 이론이다. 그는 금융 시장이 내재적으로 불안정성을 내포하고 있으며, 금융 시장에서 활동하는 경제 주체들은 비합리적인 심리와 기대에 의해 크게 좌우되므로 자산 가격과 거품과 붕괴를 주기적으로 겪게 된다는 내용이다. 민스키의 이론은 주류 경제학계에서 주목받지 못했으나 2008년 글로벌 금융 위기 이후 재조명받고 있다.

주택산업연구원이 2014년 2월에 발표한 자료에서 아파트와 비아파트를 포함한 주택의 적정한 유효 공급량은, 오는 2025년까지 연평균 33만 호라고 공식적으로 언급하고 있다. 이는 오피스텔, 도심형 생활 주택, 원룸, 다가구를 합산한 것이다. 2013~2015년 기간 평균 주택 인허가와 다가구, 빌라, 기타 주거 공급을 평균 60만 가구로 가정한다면, 이미 최대 180만 가구가 준비되어 있는 것이다. 이러한 주택 초과 공급으로 인한 문제는 지방을 제외한 수도권, 그중 경기 지역의 여파가 가장 심각할 전망이다.

2017년, 아파트만 해도 10만 호가 초과 공급되고 있다. 비아파트 공급량까지 합친다면 2014년과 2015년 잠정 기준으로 봐도 2017년부터 매년 15만 가구씩 초과 공급될 것이다. 만약 인구가 증가하지 않고, 전세 가격이 수도권에 폭증한 버블 상태에서 입주 공급 폭탄이 터진다면 도대체 어떤 일이 벌어지게 될까?

우선 최소 15만 가구씩 초과 입주 물량이 진행되는 상황을 가정하고 파장을 예측해 보자. 공급 초과 내역을 분석해 보면 2017년에서 2018년 터질 경제 위기의 뇌관으로 작용할 아파트 입주 단지의 30%가 투자 수요라는 것은 업계의 공공연한 비밀이다. 2017년부터 2019년까지 약 35만 가구의 전세 물량이 전국에 공급될 전망이다. 따라서 매년 전세 가구만 풀려도 입주 시기에 잔금 마련을 포기하는 경우가 속출할 것이다.

2014년 이후 급증하고 있는 집단 대출은 실질적 분양 계약자 입주 시점에 이르러 계약해지가 속출할 것이다. 전세입자를 구하지 못하여 준공 후 미분양 입주 대란이 생기면 건설사의 재무 여건은 크게 악화될 수밖에 없다. 이로 인한 할인 분양은 큰 사회적 문제로 대두될 것이며, 대손충당금 규모는 상상을 초월하여 2008년 데자뷰 현상을 상회할 것이다.

강남3구의 역전세 뉴스와는 차이가 있다. 현실적으로 역전세 대란으로 부동산 시장에 확실한 침체가 오게 된다면, 시장의 공포가 우선 확산될 곳은 수도권 외곽의 GAP 투자 전세 가구들이다. 이 전세 가구는 생각보다 상당히 많다. GAP 투자란 주택 가격의 80% 이상이 전세 자금으로 주택을 소규모 금액으로 구매하여 차익을 실현하기 위한 재테크로 2014년 하반기부터 주택 시장에 불기 시작한 투자 형태를 말한다.

이러한 전세자금을 통한 소액 투자 형태는 수도권 외곽부터 서울 일부 지역으로 확산되어 왔는데, 2017년 6월부터 DSR(실질적인 대출

상환 능력 검토)을 실행하거나, 2018년 1월 1일 IFRS-9이 은행에서 시작될 경우 전세자금이 빠진 상태에서 주택을 담보로 대출을 받을 수 없을뿐더러, 주택 시장에 일부 자금을 대출받은 주택의 경우, 거의 시장에서 소진될 수 없는 깡통 주택으로 전환될 것이다.

만약 2017년부터 공급이 시장의 수요인 33만을 넘어 47만 호 이상이 된다면, 매년 12만~15만 채 이상의 빈집이 생기게 될 것이다. 현재 빈집이 지방을 중심으로 전체 107만 채(전체의 6.5%, 일본은 14.5%)에 이르는 상황이다. 수도권에 매년 10만~15만 채씩 빈집이 발생한다면 과연 주택 시장이 안전할지 생각해 보라. 산업화 이후의 성장신화, 아파트 신화는 거의 붕괴로 이어질 가능성이 크다. 결국 주택을 가진 사람은 주택 가격 하락으로 손실을 보며, 전세 거주자는 깡통 주택에서 살게 될 것이다. 자산 하락이나 보합, 또는 전세가 하락 현상이 보편화될 경우, 역전세 대란은 외곽화가 급격하게 진행된 2기 신도시를 중심으로 불게 될 것이다.

문제는 현실적으로 이러한 주택 공급 대란과 주택가 하락, 전세가 하락에 대한 답이 없다는 것이다. 특히 수도권은 2014년 이후 50~60% 가까이 전세금이 폭등했고, 월세 금액이 상승하여 반전세 형태로 다변화되는 과정 중에 있다. 2014년을 기준으로 본다면, 국내

전세 가구의 보증금 합계가 490조 원을 넘어서고 있어, 주택담보대출 470조 원보다 많은 상황이다. 이러한 주택담보대출이 부각된 것은, 원리금 상환이 어려운 100만 가구의 부실 대출 110조 원 때문이다. 이들의 90%가 원금 상환 없이 이자만 상환하고 있는 가구들이다. 만약 이에 대한 은행의 원금상환이 들어올 경우 어떻게 될 것인가?

언론과 정부가 이 부분을 부각하지 않았지만, 현재 가계 대출은 주택담보대출, 즉 하우스 푸어의 문제가 아니다. 진짜 문제는 주택 가격 입주 폭탄이 터지는 2017년 하반기 11월경 500조 원에 이르는 전세자금 규모가 재앙의 시초가 될 것이다. 주택담보대출 100만 가구 110조 원(이자만 갚고 있는 가구)에 더해 집을 이동하여 전세자금대출을 갚고자 하는 가구를 합하여 추정할 때, 2017년과 2018년 이동 가능한 전세대출을 넣는다면 갚지 못하는 전세자금대출은 추정이 불가능할 수준이 될 것이다. 이 경우 역전세 대란으로 개인의 부채 전쟁, 전국적인 소송으로 비화될 수밖에 없다. 입주가 진행되며 전세자금대출이 진행된다면, 2009년 전국적인 건설사 입주자 소송 그리고 역전세 대란과 깡통 전세까지 온갖 사회적인 문제가 나타날 것이다. 결국 GAP 투자와 하우스푸어 대출 그리고 이에 전세를 든 가구가 최초의 희생자가 될 것이다.[30]

---

30   우리나라는 이미 2018년 서울 기준 단독주택의 가격이 뉴욕을 넘어서고 있으며 아파트 가격은 도쿄를 넘어서고 있다. 세계적인 국제 투자지구인 홍콩, 베이징, 싱가포르, 뉴

이런 사회적 문제는 주택 가격 하락에 의한 깡통 아파트, 깡통 원룸, 깡통 오피스텔, 깡통 빌라와 다가구로 나타날 것이다. 또한 역전세 대란의 여파로 인한 전세금 하락, 입주 대란의 인구 이동으로 인한 구시가지 상권 공동화, 역전세 대란으로 인해 월세 받는 세입자 등장, 입주 대란으로 인한 건설사 입주 거부 사태, 수도권 비경쟁력 주택 빈집 대란 등이 현실로 나타날 것이다. 그리고 구도심 공동화 및 급격히 진행되는 수도권 외곽화 현상에서 메가시티 현상이 진행되어, 이 과정에서 구도심의 공동화까지 나타날 수 있다. 한 예로 지금의 1기 신도시는 이미 20년이 지나 구도심의 여러 가지 문제를 안고 있다. 즉, 신도시가 아닌 지역의 상당 부분은 점차 도심재생으로 들어가는 단계에 와 있는 실정이라는 것이다. 이러한 문제들은 상당 부분 금융 부문에서 집단 대출 부실화, 주택 가격 침체로 인한 은행 부실화 문제 등을 야기할 수 있다.[31]

우선 간단하게 한국의 부동산 시장이 처한 환경을 살펴보자. 한국

욕을 뒤따르고 있는 형태이다. 이 상승세라면 서울의 아파트 가격은 도쿄를 넘어 뉴욕의 아파트 가격까지 넘어서게 된다. 즉, 세계적으로 유명한 대도시 국가 3~4위에 랭크가 되는 것이다. 이는 서울과 경기도의 주택 투기의 거품이 얼마나 심한지 단적으로 보여 주는 것이다.

31 2020년에 강남4구로 1만 5,000여 가구가 입주를 앞두고 있으며 위례지구와 미사지구도 각 1만여 가구씩 입주할 것이다. 2021년 강남 개포 주공4단지 3,200세대를 시작으로 강남구 주공만 연간 1만 세대씩 쏟아져 나와 강남4구는 2023년까지 입주 대란이 발생하여 전월세 가격이 초토화될 것으로 전망된다. 강남 고가 주택의 경우 2009년 송파 입주 이후 실제 가격 하락폭이 40~50%에 이르게 된 것이 이를 말해 주고 있다.

의 주택 시장은 헐리컴 사이클과 민스키 모멘트의 붕괴 단계 직전에 와 있다. 즉, 사이클상 침체기에 들어와 있으며 채무자의 부채상환 능력 악화로(기업구조조정) 건전성 자산까지 팔기 시작하면 자산가치가 폭락하며 금융 위기가 시작된다는 것이다. 부채는 폭발 직전의 상황인데, 이런 상황에서 바젤3 기준 충족을 위하여 IFRS-9이 2018년 1월 1일 시작되면 문제는 더욱 커진다. 은행이 미리 불확실성 자산에 대한 대출 심사를 위험으로 인식할 경우, 대출은 불가하고 오히려 채무자는 대출금 상환 압박에 놓이게 되기 때문이다.

은행권 부실폭탄의 잠재된 뇌관, 집단 대출 140조 원, 소득과 무관하게 승인된 대출로 위험 집단 분류 가능성 높아

대출금 상환 압박을 받을 계층 중 이번 입주 대란에서 가장 우려가 큰 집단은 150조 원에 이르는 집단 대출을 받은 가구들이다. 이들 계층의 경우 소득증빙 필요 없이 대출을 받은 가구들로, 은행권 부실폭탄에 잠재된 뇌관 역할을 하게 될 것이다.

가계 부채 총 잔액(1,166조 원)에서 집단 대출 총 잔액(104.6조 원)이 차지하는 비율은 10% 정도이다. 2008년 리먼 사태 이후 금감원이 집계한 집단 대출 연체율은 지난 2010~2013년 말까지 2%, 중도금 대출이 3%, 주택담보대출 연체율이 0.4% 수준이다. 이러한 수치를 보면, 집단 대출로 인해 2010~2013년 수도권이 홍역을 앓던 시절은 다들 잊고 있었던 것이다. 그러나 이번의 IFRS-9 시행 후 LTV(담보 대출)를 축소하고, 10~30년 나누어서 집값을 갚는 구조로 변경된다. 금융위원회 목표치 70%로 잡고 계속 프로그램이 실행된다면 집 가진 신용불량자들이 대거 발생하게 될 것은 자명하다. 그 과정에서 건설사와 입주자 간의 소송도 대폭 늘어날 것이다.

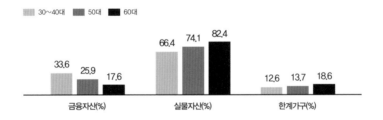

2016년 집단 대출 폭증은 거의 주택 대출 증가액의 절반을 차지할 정도이다. 전세자금대출과 집단 대출 그리고 생계비 대출이 2014년 이후부터 폭증한 가운데, 가장 부실의 가능성이 높은 것이 집단 대출이다. 현재 집단 대출은 110조 원으로 2016년 6월 기준으로 주택담보대출 400조 원(1금융권) 중 25% 이상을 차지한다. 2금융권의 경우 50조 원의 추가 집단 대출이 있을 것으로 추정한다면, 480조 원의

주택담보대출 중 140조 원가량의 집단 대출 폭탄이 잠재되어 있다는 것이다. IFRS-9 심사 시 주택 가격이 하락으로 인식될 경우 대규모 부실 폭탄이 될 가능성이 매우 크다.

2010~2013년 수도권 집단 대출과 중도금 대출 연체율로만 비교하여도 이번 시장 침체에서 30조~60조 원가량이 연체된 주택담보대출 폭탄을 맞을 가능성이 높아 은행의 건전성에 빨간불로 작용할 가능성이 높다. 이 경우 은행은 건전성 심사를 더 강화하고, 추가 담보적 성격의 대손충당금을 더 쌓아 놓아야 할 것이다(IFRS-9 시스템). 바젤3 은행 건전성에서 1금융권 심사는 더 규제되고 대규모의 부실화된 채권이 발생될 것이다.[32]

2금융권의 40조 원가량으로 추정되는 집단 대출의 경우, 추가적 부실이 더 심각하게 발생되어 2012년 저축은행 왕국의 붕괴 사태와 비슷한 양상을 보일 가능성이 크다. 금융위의 발표에 따르면 가계 대출은 2015년 9월 기준 예금취급기관 가계 대출(780.6조 원) 중 주택담보대출 외 기타 대출은 300.6조 원(38.5%) 수준으로, 5대 은행 신규 주택담보대출(111.2조 원) 중 주택 구입 외(생계자금 등) 대출은 49.2%(54.7

---

32   2015년 소득 5분위 가운데 1분위는 22%, 2분위는 18.5%가 한계 가구로 내몰린 상태이
      며 2016년 가계금융복지조사를 보면 한계 가구의 44.1%는 원리금 즉시 상환이 불가능
      하다고 답변하였다.

조 원)에 이른다.

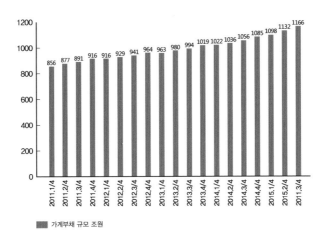

가계부채 규모 조원

소득 능력에 맞게 빚을 처음부터 나눠 갚도록 유도하는 내용을 골자로 하는 '가계 부채 선진화 가이드'에 집단 대출이 빠져 있다. 이를 보았을 때 부실 문제는 2017년 DSR 시행보다는 바젤3 시스템의 회계 기준인 IFRS-9이 시행되고 나서 2018년 하반기부터 본격적으로 드러날 것으로 예상된다. 이른바 2014년 이후 폭증한 가계 부실 문제가 현실로 나타나게 되는 것이다.

집단 대출의 가장 큰 문제는 소득 수준에 관계없이 주택을 담보로 대출을 받는 것이기 때문에 소득 수준+대출금 회수 가능성 부분에서 잠재된 위험 집단으로 분류될 가능성이 상당하게 높다는 점이다. 이

로 인해 40% 이상의 연체율이 예상되는 건설사들은 2018년 구조조
정으로 인해 부도 혹은 통폐합될 가능성이 높다.

　이러한 사태는 복합적인 문제를 야기할 것이다. 건설사는 미분양
아파트를 해결하기 위해 가격을 낮춰 팔 것인데, 상대적으로 높은 가
격에 분양을 받은 사람들이 잔금 납부 거부와 입주 거부 등을 일으킬
가능성이 높다. 2012년 수도권을 상기한다면, 당시 분쟁 사업장만
90여 곳에 이르렀으며, 이 당시 채무부존재확인소송만 28개소 5,000
억 원이었다.

　이로 미루어 짐작해 보면 2018~2020년에는 수도권에 분쟁 사
업장만 150여 곳, 채무존재확인소송 등 극심한 갈등이 나타날 곳
만 50여 곳에 이를 전망이다.[33] 이러한 수치는 2010~2013년 당시와
2018~2020년에 입주될 수도권 분양과 입주 물량을 비교하여 그 가
능성을 예측한 것이다. 이같이 위험성 높은 집단 대출에 대해 지금까

33　현대경제연구원이 발표한 '가계 부채 한계 가구의 특징과 시사점'에 따르면 작년 금융권
　　대출이 있는 1억 73만 1,000가구 중 빚을 갚기 힘든 한계 가구는 158만 3,000가구(14.8%)
　　로 2012년(132만 5,000가구 · 12.3%)보다 25만 8,000가구 증가했다. 한계 가구란 금융 부
　　채가 금융 자산보다 많고 원리금 상환액이 세금 등을 제한 처분가능 소득비율이 40%
　　를 넘는 가구를 말한다. 한계 가구가 보유하고 있는 금융 부채가 전체 가구 금융 부채
　　의 29.3%이다. IFRS9 체제는, 2019년 이후 자산 가격 하락이 진행되는 시점부터 실생활
　　적인 극빈적인 상황의 계층으로 추락할 수밖에 없는 한계 가구의 관리를 위한 시스템일
　　뿐이다. 한계 가구 및 신용 불량자는 2017년 이후 용어 사용이 금지된 상태이다, 언론
　　환경 속에서 일반인은 사태의 심각성을 인지할 수 없다.

지 관리감독 기관의 규제는 없었다. 문제는 2014년 8월 이후 대출 증가와 2017년 5월 이후 대규모 집단 대출로 정점을 찍은 상태인데, 과연 이 부실이 언제 본격적으로 드러나게 될 것인가이다.[34]

2018년 바젤3에 의한 IFRS-9 시스템에 의한 정량성 평가가 이루어지면 이 문제는 본격적인 은행의 건전성 심사에 직격탄이 될 것이다. 역전세 대란에 관한 현실적 팁으로 행복을 나누는 전월세 지원센터 (http://jeonse.lh.or.kr)에서 상담과 전세임대 관계를 알아보는 것을 추천한다.

역전세 대란 이후 사회의 새로운 현상들, 집주인에게 월세 받는 세입자 등장할 것

장기적인 전세 물량-주택 물량 공급 과잉 여파로 2018~2019년 집주인이 세입자를 찾지 못하는 역전세난이 심화되면서 전세 시장에 전세 세입자가 집주인으로부터 사실상 월세를 받는 진풍경이 벌어

34　정세균 국회의장 정책수석실이 통계청의 가계금융복지조사 마이크로데이터를 분석한 결과를 보면, 한계 가구는 2015년 158만 가구에서 지난해 2016년 181만 5,000가구로 1년 동안 14.7% 늘었다고 밝혀 한계 가구는 2016년 한 해 동안 최대로 누중이 진행되고 있다. 2014년 138만, 2015년 158만, 2016년 181만이다. 추정치로 본다면 2017년 190만, 2018년 200만 한계 가구의 시대를 맞이하고 있는 것이다.

질 것이다. 기존까지는 전세가가 치솟아 전세가에 대한 시장의 가격 상승분을 반전세로 돌려 차액을 지급해 왔지만, 전세가와 주택 가격의 하락에 의해 전세금이나 월세분을 낮추어야 하는 사태를 맞이하게 될 것이다.

계약이 만료되는 2018년 이후부터 이러한 진풍경이 신문지상에 오르내리게 될 것인데, 쉽게 말해 전세금 하락분에 대하여 돌려주지 못하는 부분에 대해 이자를 매달 지급하게 되는 현상을 보게 될 것이라는 것이다. 즉, 최근 주택의 전세가율을 80% 선으로 본다면 서울의 5억 원 시세 주택의 전세가는 4억 원이 된다. 그런데 앞으로 2017년 DSR(총 여신신용평가방식)이나 2018년 IFRS-9이 시행될 경우 주택가 하락이나 위험 자산으로 인식됨으로 인하여 주인이 세입자에게 월세를 주는 진풍경이 곳곳에서 벌어지고 법적 분쟁도 증가할 것이다.

문제는 기존 주택이 세입자를 구하지 못하는 경우, 즉 이동하는 새로운 주택 수요만 생기면 어떻게 될까? 기존 세입자를 놓치게 되면 전세금이 개인 채권 형식으로 바뀌게 되어, 임차권 등기 형식의 연리 15%를 집주인이 주게 되는 것이 현행 민법이다.

그러므로 기존 대출자를 놓치는 것은 4억 원에 대한(전세금이 4억 원이라면) 사채 이자를 쓰게 되거나 또는 경매로 집을 날리게 되는 상황에 놓이게 되는 것이다. 따라서 집주인은 세입자에게 어떻게든 매달릴 수밖에 없어, 전세자가 전세금에 더해 집주인에게 개인채권을 빌려준 황당한 갑의 위치에 서게 되는 것이다.

이러한 일들은 수도권 전역에서 드물지 않게 벌어질 풍경으로, 2015년에서 2016년 사이 주택을 두 채 이상 구매한 주택 매입자들이 가장 많이 겪게 될 것이다. 집값이 하락하면 80%의 전세자금이 들어가 있는 주택의 경우, 더 이상의 은행 대출은 바젤3 시스템으로는 절대 불가능하다.

전세입자는 새로운 주택에 입주하거나 싸게 형성된 다른 경쟁력 있는 주택으로 급격히 이동하게 될 것이기 때문에 집주인 입장에서 쿼바디스(주여 어디로 가시나이까?)일 뿐이다. 역전세난의 희귀한 풍경으로 한창 전세가가 폭등할 때는 주거 문제, 전세 문제로 떠나지 못하고 아쉬워하던 세입자가 갑의 위치에서 주인에게 월세를 받으며 큰소리치는 광경을 볼 날이 멀지 않은 듯하다.

세입자를 구하기 어려워져, 전세입자는 갑의 위치에 서게 될 것이다. 앞으로 자산 하락과 보합 그리고 달라진 금융 시스템, 대규모 입주 대란 속에서 이러한 광경은 흔하게 펼쳐질 현실이 될 것이다. 전세가 상승을 믿고 대출로 집을 구입한 경우, 주택 이동이나 전세가 하락, 취업 등으로 전세가 들어오지 않아 세입자가 집주인을 상대로 전세금 반환 소송 대란이 벌어질 것이다. 그때가 되면 집을 소유한 사람들은 집 가진 죄인들이라는 타이틀로 사회의 조롱거리가 될 가능성이 높다.[35]

이미 전국적으로 107만 채가 빈집인 상태인데, 2013~2015년 상반기까지 주택 인허가 건수가 150만 채를 상회하고 있다. 2017~2019년까지의 주택 수요가 90만 채 정도로 예상되기 때문에 2016년과 2017년 공급 물량까지 합산할 경우 경쟁력이 없는 주택의 경우 60만~80만 채가 더 빈집이 될 전망이다.

480조 원의 주택담보, 전세 총 자금 520조 원 중 수도권에 350조 원이 몰린 상황에서 현재 지방에만 80만 채의 빈집이 있다. 앞으로 최하 60만 채의 경쟁력 없는 구주택이 생겨날 경우 도심재생 산업, 도시 경쟁력 강화, 빈집범죄, 재난 우려 가능성 등이 심심치 않게 TV

---

35 주택은 1980년대 연간 25.9만 호에서 1990년대 연간 55.8만 호로 크게 증가하였으며, 2000년 이후 2017년 현재까지 연간 53.0만 호 수준을 유지(인허가 기준), 과잉 공급되고 있으나 장기적으로 1인 가구 급증, 저출산 지속, 고령화 가속화에 따라 청년의 주거비 부담 가중, 주거 문제가 결혼·출산·양육의 최대 걸림돌로 작용할 것으로 예측하고 있다.

를 장식하며 사회 문제가 될 것이다. 2020년경에는 빈집 180만 채에 대한 언론의 우려 보도가 나올 것이며, 도심 공동화 현상, 도심재생이 주택 시장의 최대의 화두가 될 것이다.[36]

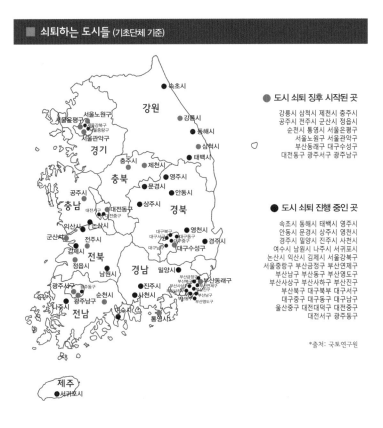

■ 쇠퇴하는 도시들 (기초단체 기준)

● 도시 쇠퇴 징후 시작된 곳

강릉시 삼척시 제천시 충주시
공주시 전주시 군산시 정읍시
순천시 통영시 서울은평구
서울노원구 서울관악구
부산동래구 대구수성구
대전동구 광주서구 광주남구

● 도시 쇠퇴 진행 중인 곳

속초시 동해시 태백시 영주시
안동시 문경시 상주시 영천시
경주시 밀양시 진주시 사천시
여수시 남원시 나주시 서귀포시
논산시 익산시 김제시 서울강북구
서울중랑구 부산금정구 부산연제구
부산남구 부산동구 부산영도구
부산사상구 부산사하구 부산진구
부산북구 대구북부 대구서구
대구중구 대구동구 대구남구
울산중구 대전대덕구 대전중구
대전서구 광주동구

*출처: 국토연구원

---

36   지난 2015~17년에 급증한 주택 공급(주택 인허가 물량)은 우리나라의 기초주택수요를 이
     례적으로 크게 초과하였고, 최근 준공·입주 물량의 형태로 주택 시장에 지속적으로
     유입되면서 준공후미분양의 증가를 초래하고 있다(우리나라 주택 공급의문제점과 개선방향
     송인호 KDI 연구위원(2019. 8. 26.)).

〔주택매매 Tip〕

LH공사, SH공사 등에서는 다가구나 대지 등 사용 가능한 토지 등에 대해서 5개 광역시, 인구 10만 이상 지방도시로 집주인들의 매각 신청을 받은 뒤 입지 여건, 주택 품질, 임대 수요 대학 등의 거리(전문대 포함), 전철역, 구청 및 시청과의 거리 등을 종합 고려하여, 감정평가기관이 매긴 감정 가격을 기준으로 매입하여 주변 시세에 월세 70~80% 수준으로 매입하거나 확정 월세를 주택이나 토지 소유자에게 주는 제도를 검토 중이다. 주택을 개·보수 하거나 대지 위에 지상권에 의한 임대비를 주는 제도 등도 검토 중이나, 집으로 방치되거나 임차인을 구하지 못하는 경우 LH 공사나 SH공사 지방 도시개발 공사에 매입을 의뢰하는 것도 한 방법이다.

[참고 자료 5]

LH 공사의 주택 매입 대상, 절차 및 과정

1. 매입 절차

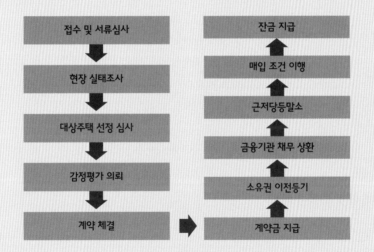

2. 매입 대상 지역: 35개 시·군·구

서울시 전역 및 경기도(가평군, 구리시, 남양주시, 동두천시, 양주시, 양평군, 연천군, 의정부시, 포천시, 하남시) 단, 강북구, 강서구, 도봉구, 양천구 신월동, 영등포구, 중랑구는 지자체의 매입 지양 요청에 따라 우량주택 위주로 선별 매입

3. 매입 가격 및 물량

서울 지역 호당 3억 5,000만 원 이하, 경기북부권 호당 3억 원 이하로, 공인감정평가업자 두 곳에서 감정평가한 평가액의 평균 금액, 연간 매입 예정 물량은 940호(변동 가능)

4. 매입 대상 주택

건축법시행령에 의한 다가구주택, 다세대주택, 연립주택, 도시형 생활주택 중 사업 목적에 적합한 전용면적 85㎡ 이하의 주택으로서 건물 단위 동별 일괄 매입(단, 매입 가격 및 관리비 부담수준 등을 고려하여 선별 매입)

바젤3 시행되면 부동산 시장에서 담보 대출 감소될 것, 대손충당금 증가, 건설사 파산 등 다변화 폭탄 가능성

부동산 예측에 가장 많이 쓰이는 허니콤 사이클로 본다면, 2008 ~2012년을 침체기, 2013~2014년을 상승기, 2015년을 공급량 정점 시기로 볼 수 있다. 지금의 부동산 시장을 지탱하고 싶다면 경제 성 장률이 최하 4% 이상 지속되어야 한다. 2.5% 이하이면 민스키 모멘 트, 한국의 경우 바젤3 신용 경색 모멘트가 오게 될 것이다.

2017년 DSR을 먼저 시행하게 되는데, 이것은 종합 여신 적정성 심 사이다. 즉, 부채를 소득으로 갚을 수 있는지 여부를 따지는 것으로, 부동산 대출 LTV(담보 대출)를 정성적인 평가로 일괄 대출하던 것을 정량적인 IFRS-9로 바꾸기 전에, 중간 단계로 분할 납부를 30% 수준 에서 40%까지 끌어올리겠다는 것이다.

바젤3 IFRS-9은 2018년 1월 시행된다. 이럴 경우 부동산 중 미래에 대한 수익이나 대출 심사가 정량적인 평가로 바뀌게 된다. 쉽게 말해 서 부동산 가격이 오를 것으로 예측되면 상관이 없으나(정상) 앞으로 부동산 시장이 냉각 등으로 예측될 경우(요주의) 최대 8.2배의 대손충당금을 쌓아 놓아야 한다. 이 시스템은 국제 협약이기 때문에 시스템 가동 후에는 부동산에 대한 담보 대출이 감소하는 것은 동상 자연스러운 현상이다. 관련 논문들 다수가 현행 대손충당금의 1.5~2배 가까이 은행 대손이 증가할 것으로 예측하고 있다.

가계 대출 증가 국면에서 신용 축소 DSR 시작으로 인해, 부동산 담보는 앞으로 은행에서 LTV(담보비율 현 70%)에서 분할 상환과 소득 대비 대출 기준으로 체제가 바뀌게 된다.

2012년 이후 부동산 시장이 활성화되어, 성장에 대한 확신으로 대출이 폭증되어 왔다. 그에 따른 전세금과 주택에 대한 담보비율 상향으로 생활 자금 또한 폭등해 왔다. 주택 가격 하락 시 10가구 중 위험 가구는 1가구로, 비율로 따지면 10가구 중 6가구가 대출 집단이다. 이 중 약 18% 이상이 연체 가구가 될 위험이 있다. 이 경우 신용 대출이나 추가 금리 인상이 IFRS-9에서 요구될 터인데, 이 금액은 대손충당금 증가 등으로 현재보다 30~50% 이상 증가할 가능성이 높다.

이것은 대출 시장 축소에 의한 자산 축소 현상을 불러 일으켜, 이 경우 대부분 부동산 시장은 냉각기에 접어드는 것이 통상적이다. 그러나 근간의 부동산 시장은 2012~2014년 기간 주택 수요 공급 물량 축소와 전세에서 월세금 전환 등 시장의 다변화로 이 여파는 지금까지와는 다를 것으로 예측된다. 즉, 지금 공급 수요가 폭증하는데, 부동산 시장 과열 현상의 종단에 와 있는 시점인 것이다.

시장이 냉각기에 이르게 될 경우, 전세 대출의 연체와 심사 없이 대출된 150조 원가량의 집단 대출 연체 문제, 자산 가격 하락과 IFRS-9 시스템에서의 대출 축소의 현상 등 자산 붕괴 현상의 충격파가 나타날 것이다. 공급량 폭증 현상에서 앞으로 대출 비중 축소, 은행의 대손충당금 증가, 도시주택공사의 보증 제도로서 건설사 파산과 부도시의 연쇄 부도 가능성 등 다변화 폭탄이 존재하고 있으나 이에 대한 대책의 공론화는 현 정권에서 거의 없는 실정이다.

자산에 대한 보증을 이용하여 원활한 분양을 목적으로 했던 도시주택공사의 보증 패턴을 보면, 도시주택보증공사의 분양가 보증에 대한 철회가 이미 2016년부터 강남에서 시작되었다. 보증공사는 분양 가격이 10% 하회했는데도 불구하고, 건설 업계의 압력을 꿋꿋하게 버티며 보증을 거부하고 있다. 즉, 현행보다 10~20% 이상 하락할 것에 대해 도시주택보험공사도 위험성을 인식하고 있다는 것이며, 감당할 보증의 여력이 지났다고 판단하는 것이다. 이럴 경우 인허가 받은 건설사는 분양 시기를 놓쳐 많은 건설사들이 미분양으로 악성 채권이 더 증가할 것이며, 지방의 분양가도 상당히 내려가게 될 것이다.

지금 강남 개포동에서 분양가를 스스로 10% 내렸는데도 보증을 거부하는 것은, 수도권 지방의 경우 분양가가 20% 하락하여 분양가 유지를 포기하게 될 우려가 높다는 것이다. 이 경우 부동산 가격 하락 요인의 큰 부분으로 작용할 것이며, 도시주택보증공사의 경우 파산보다는 유지를 택하게 될 것으로 보인다. 건설사들의 분양 직전 부도와 분쟁도 2018년부터 많이 생겨날 것이다.

즉, 인허가 물량이 2015년 78만 가구 발생된 상황에서 아파트 인허가 56만 가구에 대한 도시주택공사의 보증이 이루어지지 않아, 분양을 하지 못하여 주택 가구 수를 조정하는 국면으로 작용할 가능성이 높다. 인허가 물량이 많으나 수요가 적어 자연스러운 분양가 하락과 주택 물량 조절이 되고, 금융권의 변제 능력이 없는 건설사의 자연스러운 구조조정이 이루어지는 것이다.

현 주택 담보 480조 원 PF대출로 인식되는 집단 대출 150조 원 중에서 위험 가구는 2016년 기준 부채 보유 가구의 6.6%로, IFRS-9의 신용 변동 발생이나 미국의 금리 인상으로 3%의 이자가 오를 경우 위험가구비율이 10.24%로 약 3.64% 증가하는 것으로 예측된다(오권영 한국은행 대구경북 본부 차장과 서상원 중앙대 경제학부교수가 금융감독원이 발행한 「가계 부채의 부실 위험성 예측 및 평가, 가구자료를 활용한 지역별 분석」 논문).

대출 가구 수로 본다면 전체의 60%로 대출 집단에서 비율로 따지자면 엄청난 수치인 것이다. 이 중 가장 우려스러운 것이 주택 가격 하락과 신용으로 대출받은 20% 이상의 생계형 대출 집단이다. 2017년부터 건설-철강-제조, 2018년 중소기업과 자영업 구조조정이 들어간다면 실질적인 연체 가구는 IFRS-9 위험성 인식에서 이 비율이 더욱 증가할 가능성이 높다.

결국은 대출을 받은 집단에서 가장 먼저 터질 것이다. 집단 대출은 21.8만 가구 그리고 다중채무자는 350만 명으로 110조 원에 이르고 있다. 이들이 대출금 상환에 대한 여신평가로 IFRS-9의 은행 회계가 진행될 경우 위험 집단으로 분류되어 5~6% 정도는 연체가 나타날 가능성이 높다. 게다가 대규모 기업 집단과 중소기업의 구조조정으로 실업자 발생이 앞으로 2~4년간 꾸준히 늘어날 전망이다.

대출금을 갚을 수 없는 위험 집단은 다중 채무자 350만 명으로 110

조 원 중 50조~60조 원, 위험자산 한계 가구는 10.24%로 110조 원으로 추산된다. 여기서 한계 가구란 소득 대비 원리금상환비율(DSR)이 40%를 넘고 총 자산에서 총 부채를 뺐을 때 마이너스가 되는 가구를 뜻한다.

자영업 대출 가계-기업 520조 원 중 주택담보대출비율(LTV)이 70%가 넘는 대출이 20% 가까이 되어, 부실화될 가능성이 상존하고 있다. 2017~2020년 입주 폭탄으로 인한(2017~2018년 70만 가구, 2019~2020년 서울 재건축까지 입주하는 70만 가구 상회) 공급 가구만 140만 가구이다.

보험업계에서는 IFRS4-2를 대비하여 대형 오피스 부동산을 2014년부터 시장에 내놓고 있는 상황이다. IFRS-9 시행 시 비업무용 자산을 매각해야 하기 때문이다. 경기 민감 업종, 대기업과 중소기업의 부동산 부도와 파산 등 기업 구조조정 매물이 2017년 하반기부터 2020년까지 부동산 시장에 매물로 홍수처럼 쏟아져 넘쳐날 것이다. 이것은 또 다른 부동산 매물 폭탄이 되어 부동산 담보에 관한 부채 폭증으로 견뎌 왔던 한국 자본 시장의 격동이 이제 눈앞에 다가오고 있다는 것이다.

오피스텔·도심형 생활 주택(2018~2022)은 이미 공급 과잉, 주거 지출 소득 30% 초과… 일부는 소형아파트로 이동 중

통상 주거 임차인 계층의 지출에서 주거 지출이 소득의 30% 이상이 되면 가계는 주거비 부담으로 크게 압박을 받는다는(김종구, 2002) 논문이 있다. 이에 관련된 논문의 내용을 인용하면 다음과 같다.

"오피스텔 월세 거주자는 다가구 주택에 비하여 2배 정도의 주거비(임대료+관리비)를 지불하면서 거주하고 있다. 이런 조건에도 임차인이 높은 주거비를 지불하면서 오피스텔에 거주하는 이유는 오피스텔 월세 거주자의 월평균 소득이 다가구 주택 월세 거주자보다 평균 1.6배 높으며, 이들 월세 거주자들은 월평균 소득의 30% 이하를 지불하는 것으로 나타나 주거비 부담에 크게 압박을 받지 않기 때문인 것으로 추정된다."(서울시 다가구주택·오피스텔 임차인의 주거선호특성 비교분석, 2011년, 조준우)

논문의 주장은 설득력이 있다. 이 시기 오피스텔 거주자의 총 자산은 16,160만 원, 다가구 주택 평균은 6,500만 원으로 월 소득은 유사하나 총자산은 2.7배 정도 차이가 난다고 추정하고 있다.

그러나 서울과 경기도의 임차비는 2011년 이후 지속적으로 상승해 왔으며, 수도권의 경우 40% 이상의 임차비가 상승하였다. 오피스텔의 경우 30% 이상, 다가구의 경우 45% 이상 임차비가 상승하여 지출 소득의 30%를 상회하고 있는 실정이다. 이마저도 감당이 안 되는 주거 계층은 이미 수도권 외곽으로 임차비 난민으로 떠밀리고 있는 실정이다.

2011년 다가구 주택의 월세는 평균 17만 원, 오피스텔은 28만 원 정도였으나 현재 수도권의 평균 월세는 다가구는 30만~40만 원, 오피스텔은 45만~55만 원을 넘어서고 있다. 이미 2011년보다 월세 및 임차비가 폭등한 상태이다. 즉, 월세를 감당하는 상당수가 가계 지출 중 주거비가 이미 30%를 초과하고 있다는 것이다. 이 계층에서 이미 아파트 청약으로 이동한 계층은 상당 부분 2018년 입주 공급으로 이동하게 될 것이라 전망한다.

2013년 이후 주택 시장 침체가 장기화되고, 시장 금리가 지속적으로 떨어져 1%대까지 떨어졌다. 이 시기 대체 투자 상품으로 수익형 부동산에 대한 관심이 증가하면서 오피스텔과 다가구 등 소형 평형의 공급은 그야말로 폭발적으로 증가해 왔다. 이 중 소형 아파트보다 더 우려스러운 것은 바로 오피스텔의 공급 과잉으로 인한 소형 오피스텔 시장의 붕괴 현상이다.

다가구는 동상 월세분의 마지노선을 40만~45만 원으로 추정한다. 오피스텔은 2011년 평균자산 1억 6,000만 원 계층에서 50만 원 이상을 주거비로 인식하고 있다. 1억 6,000만 원에서 자산 증가 속도를 합산하면, 1억 8,000만 원 중에서 1억을 대출받고 분양을 받을 경우, 월세가 17만 원으로 하락할 것이기 때문에 오피스텔 소유자들은 수도권 근거리 집진군으로 소형 아파트를 상당수 분양받을 가능성이 높다. 결국 오피스텔 계층 중 상당수가 이번 아파트 분양 광풍에 동참했다고 추정할 때, 결국 오피스텔 시장은 붕괴할 가능성이 높다.

또한 부동산114에 따르면 생활 주택 공급 물량은 최근 5년간만(2011년~2015년) 22만 4,000호가 집계된다. 즉, 물량이 과잉 공급되었다는 것이다. 도시형 생활 주택은 2013년 공급 과잉으로, 이미 2014년에는 40% 공급이 급감하여 시장에서 조정이 진행 중이다.

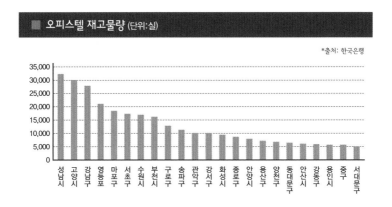

결국은 공급 과잉된 오피스텔이 시장에서 퇴출 진행 중으로, 이에 따라 임대료도 30% 가까이 하락하고 있는 실정이다. 도시형 생활 주택의 침체가 2015년 이후에 나타나 2017년 시장에서 거의 소멸하고 있다면, 오피스텔은 이제 침체 하락기에 들어가고 있는 것이다. 주거 임대비를 감당할 수 없는 수준에서 공급 과잉이 이루어져, 임대비 상승을 피해 아파트로 이동이 이루어지고 있는 것이다. 2017년부터 오피스텔은 최악의 부동산 폭탄이 되어, 공급은 2015년 6만여 실보다 대폭 축소된 4분의 1 수준으로 줄어들 것이다. 2018년부터는 2011년 공급량 수준으로 줄어들 것이다.

2015년 오피스텔 시장 규모는 10조 원에 이른다. 결국 과도한 분양 가격 상승 및 공급 과잉, 단기간의 임대료 폭등으로 인한 입주수요 소멸 그리고 소형 아파트 분양으로의 이동 등으로 장기 침체의 길로 가고 있는 중인 것이다. 결국 공급 물량 앞에서는 장사가 없다. 모든 부동산은 결국 이와 유사한 현상을 겪는 것이다. 다시 말하면, 공급 물량 앞에는 장사가 없다. 요약하면 다음과 같다.

1. 2014~2015년 전·월세 가격이 급등한 소형의 경우 주변을 중심으로 단독, 다가구가 집중 공급되었다.
2. 소형 아파트가 공급되면서 아파트 분양 물량이 역세권에 몰려

있다는 것,

3. 오피스텔을 준 주택으로 공급규제 완화하여 분양이 폭증하였다는 점,

4. 청약 열기 광풍으로 역세권에 오피스텔이 폭증하였다는 것이다.

5. 박근혜 정부의 행복임대 1만 가구 도심 공급(임대비 시제 50%)과

6. 초소형 원룸 및 다가구, 소형 아파트 등 과잉 공급도 한 원인이다.

2009년 이후 12만 5천 가구 공급…
2015년 평균 43% 미분양

오피스텔은 2002~2004년 동시 다발적인 도심 오피스 공급으로 이미 1차 침체 상태를 경험하였다. 이후 오피스텔은 금리 6% 당시에는 매매 가치와 임대 가치에서 경쟁력을 상실하여, 수익형 부동산으로서의 매력을 상실하였다. 그러나 2008년 금융 위기 이후 금리가 2012년 3.5%에서 2016년 1.75%까지 떨어지면서, 동기간 오피스텔에 대한 투자가치와 매매가치가 살아나 분양시장이 활황을 맞이하게 되었다.

그러나 2009년 4,400가구였던 오피스텔 공급량이 소형 아파트 및

도시형 생활 주택 인허가로 인해 폭발적으로 공급되었다. 특히 오피스텔의 경우, 2009년에 비해 2015년 공급이 15배 상승하여 동기간 공급량만 12만 가구에 육박한다.

도시형 생활 주택의 경우도 2009년 이후 2012년까지 12만 5천 가구 가까이 공급 물량이 폭증하여, 오피스텔의 인기에 힘입어 수익형 부동산으로 자리매김하였다. 이 이후에 다가구 빌라의 수요도 폭증하기 시작한다.

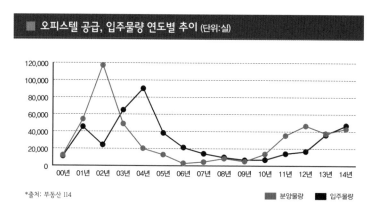

2015년 현재, 6만 가구가 공급되어 전국적으로 평균 43%, 수도권 40%, 지방 48%의 미분양이 발생하였다. 기존의 입주 오피스텔까지 소형 아파트 청약으로 이동할 경우, 8만~10만 가구의 공실이 발생할 우려가 크다. 2016년 2만 가구 공급을 정점으로, 2018년경에는 1만

가구 수준으로 대폭 조정되고, 2019년경에는 3,000~4,000가구 수준으로 2015년의 20분의 1의 수준으로 공급량이 줄어들 것으로 전망된다. 기존 미분양 6만 가구와 주거 이동으로 발생될 추정치 4만 가구 등을 종합할 경우, 2018~2022년까지 10년 전보다 더 큰 악성 미분양과 임대료 하락, 전월세 시장의 침체 현상이 나타날 것이다. IFRS-9 시스템 회계 기준에서는 가장 위험한 부동산 상품으로 인식되어, 분양자나 기존 오피스텔 소유주들에게는 악몽의 4년이 될 것으로 예상된다.

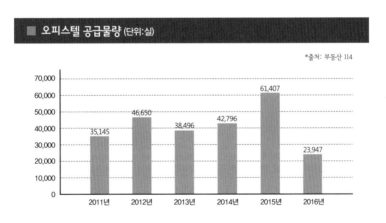

오피스텔은 이번 부동산 공급 과잉 기간에 가장 큰 피해 자산이 될 것으로 보인다. 고가의 관리비, 고가의 월세로 경쟁력이 소형 아파트보다 낮기 때문이다. 임대 생활 계층의 입장에서는 주거비 부담이 소득의 30% 이상으로 이미 경쟁력을 상실한 상태이다. 지금 분양 임대

로 홍보하는 50만~100만 원의 임대료는 투기 광풍 시기의 단어로 인식될 것이다. 물론 특수 역세권과 경쟁력이 있는 도심지 오피스텔은 그나마 이번 역풍에서 경쟁력을 가지고 별 타격을 받지 않을 것이다. 그러나 극심한 미분양 지역과 주거대란 이동으로 공실이 발생되는 서울 외곽과 수도권 외곽 지방 오피스텔은 거의 재앙에 가까운 부동산 침체를 10년 만에 맞이할 가능성이 높다. IFRS9 시스템의 대출 심사 기준으로 보자면 부동산 가격이 20~30% 하락 시, 손실로 인식하여 대출의 10~30%를 상환해야 한다. 이로 인해 건설사와의 분쟁이 일어날 가능성이 크며 경매 대란도 일어날 수 있다.

건설사 구조조정은
2012년 완벽한 데자뷰 상회

건설사 구조조정 시기인 2017년 하반기는 미분양 무덤으로, 2012년 데자뷰를 상회할 것이다. KB 보고서를 보았을 때 전세가율이 80%를 상회하고 있는 지역은, 2017년 이후 극심한 미분양으로 분양자의 입주 거부로 건설사와의 분쟁이 나타날 가능성이 매우 높다.

KB 부동산 연구팀의 보고서(손은정)에 따르면 전세/매매비율 80%

초과 지역은 경기 고양시(81.5%), 의정부(81.9%), 용인(80.3%), 의왕시(84.5%), 파주(81.3%), 군포(81.5%), 서울 성북구(84.3%) 및 구로구(81.6%) 등이다. 이곳은 입주 물량 증가에 따른 역전세난 가능성이 크다. 이 논문을 참조할 때, 2012년 건설사 미분양 할인과 분쟁의 공포가 있었던 곳과 지역이 거의 겹친다는 사실을 알 수 있다. 아래 기사를 참조해 본다면 2012년 분양 가격이 입주 시 거래 가격보다 10% 이상 하회하면서, 집단 대출을 받은 수도권부터 입주 거부가 일어나 건설사와 분양주 사이에 싸움이 사상 최대의 소송전과 입주 거부 사태로 이어졌었다. 당시 조선일보 기사를 전체 그대로 인용하면 다음과 같다.

4억 깎아줘도 집 안 사… 미분양에 한숨, 수도권 용김고파(용인·김포·고양·파주)

4곳에 쌓이는 빈집, 분양 안 된 물량 1만 4489가구, 경기도 전체의 60% 차지

오판 1, 우르르 와서 살겠지 - "신도시로 출퇴근 많을 것" 예측
건설사들 공급 많이 늘렸지만 분당·일산 출퇴근 10%에 불과

오판 2, 中大型은 팔리겠지 - 정부, 도심 中大型 재건축 억제
용인·고양에서 中大型 늘어나 소형 인기 오르자 미분양 쌓여

오판 3, 일단 분양하면 되겠지 - 2007년 분양가 상한제 피하려
건설사들 한꺼번에 공사 시작… 공급 물량 집중적으로 늘어나

■ 경기도 주요 도시 아파트 미분양 주택 현황

● 2016년 3월 기준. 괄호 안은 2008년 대비 매매가 변동율(%)   *출처: 국토교통부,부동산 114

경기도

파주시
2483가구
(-19,4%)

김포시
3188가구
(-21,5%)

고양시
2925가구
(-20,6%)

남양주시
1512가구
(-5,3%)

구리시 100가구
(-1,2%)

부천시
864가구
(-6,9%)

서울

하남시
133가구
(-13,8%)

과천시
(-24,6)

안양시
10(-17,3)

성남시
138가구
(-25,1)

광주시
241가구
(-18,5%)

시흥시
1405가구
(-3,5%)

군포시
1167가구
(-11,5%)

의왕시
502가구
(-16,6%)

수원시
1091가구
(-7,4%)

용인시
6442가구
(-23,9%)

경기도

화성시
2873가구
(-9,7%)

■ 수도권 주요 미분양 지역에서 중대형이 차지하는 비율

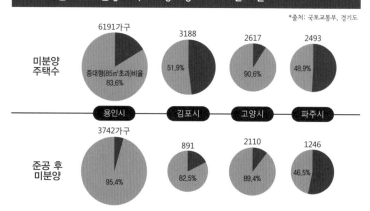

*출처: 국토교통부, 경기도

	용인시	김포시	고양시	파주시
미분양 주택수	6191가구 / 중대형(85㎡ 초과)비율 83,6%	3188 / 51,9%	2617 / 90,6%	2493 / 48,9%
준공 후 미분양	3742가구 / 95,4%	891 / 82,5%	2110 / 89,4%	1246 / 46,5%

바젤3 모멘트(BASELⅢ MOMENT)

경기 용인시 수지구 신봉동 신봉 센트레빌 전용면적 149㎡ 아파트의 분양가는 5억 5,900만 원이다. 원래 7억 9,900만 원이었는데 미분양이 해소되지 않자 30% 할인한 가격에 내놓은 것이다. 인근 신봉 동일하이빌 3단지도 마찬가지. 전용 116㎡ 아파트를 7억 7,000만 원에서 4억 8,900만 원으로 37% 할인해 분양하고 있다. 193㎡는 9억 4,000만 원에서 5억 5,800만 원으로 40%나 할인했다.

미분양 물량이 많이 쌓인 용인 일대에선 '할인 분양' 말고도 일정 기간 살아 본 뒤 살지 말지 결정할 수 있게 하는 '환매조건부 분양' 등 다양한 마케팅이 등장하고 있다. 1분기 기준으로 용인시 미분양 주택은 6,191가구로 작년 4분기(6,676가구)에 비해 크게 줄지 않았다.

용인 이외에 수도권 일대에서 미분양으로 고전하는 대표적인 지역은 경기 파주·김포·고양이다. 이들 지역에선 2007~2009년 사이 집중적으로 공급 물량이 늘었는데, 대부분 미분양으로 남으면서 부동산 경기 침체를 심화시키는 요인으로 작용하고 있다. 4개 지역 미분양 주택은 지난 3월 기준으로 1만 4,489가구. 경기도 전체 미분양 물량(2만 4,511가구)의 60%에 달한다.

한때 입지가 좋아 인기를 끌었던 이 지역들에서 왜 이런 일이 벌어진 것일까. 전문가들은 그럴 만한 몇 가지 이유가 있었다고 말한다.

① 입지 선정·공급 물량 조절 실패

이 네 곳은 수도권 반경 20~35㎞ 범위 안에 있어 수도권 1기 신도시(분당·일산)와 가까웠다. 그래서 신도시로 출퇴근하는 수요가 많아 분양에 문제가 없을 것으로 보고 공급을 늘렸는데, 이 예상이 빗나갔다. 부동산114가 조사해 보니 이 지역 거주자 중 인근 신도시로 출퇴근하는 규모는 인구 중 10% 미만에 그쳤다.

아직 개발이 덜 끝나 각종 기반 시설이 미흡하다는 점도 영향을 미쳤다. 주변 교통망이나 교육 여건, 편의시설 등이 부족해 임차(借) 수요도 끌어들이지 못했다는 것이다.

서울 도심 인근 그린벨트 해제 지역에 보금자리주택이 대거 밀려들면서 굳이 먼 곳에 집을 장만할 수요는 더 줄어들었다.

이 4개 지역들에는 2007~2009년 신규 아파트 공급이 몰렸다. 고양과 용인의 경우에도 2007~2012년 5년간 공급된 신규 아파트 중 70%가 2007~2009년 3년 사이 몰렸다. 집중된 물량을 해소하려면 외부에서 인구가 유입돼야 하는데 결과적으로 유인(誘因)이 떨어지면서 미분양을 양산하기에 이른 것이다. 김현아 건설산업연구원 연구위원은 "이 지역에선 2013~2015년 이미 예정된 추가 공급 물량이 계속 쏟아지기 때문에 미분양 사태가 장기화할 수도 있다."라고 말했다.

② 역효과 낳은 정부 규제

이 지역에 단기간에 신규 아파트가 몰린 데는 정부가 내놓은 규제도 영향을 미쳤다. 2000년대 중반 이후 정부는 중·대형 주택에 대한 수요가 늘어나고 중·대형 아파트 값이 뛰자, 도심지 내 중·대형 주택 공급 수단인 재개발·재건축을 억제하고 소형 공급 촉진에 나섰다. 도심의 중·대형 수요를 누르자 이 4개 지역들을 포함한 수도권 외곽에 중·대형 공급이 늘어나는 '풍선 효과'가 나타났다. 그 무렵 용인과 고양에서는 중·대형 공급비율이 45~65%에 달했다.

더구나 건설사들이 그 시기에 정부가 '분양가 상한제' '재개발·재건축 억제' 같은 각종 규제책을 내놓자 이를 피하기 위해 한꺼번에 사업을 승인받고 공사를 시작하면서 공급 물량까지 몰렸다.

하지만 이후 상황은 달라졌다. 중·대형 인기는 시들해지고 소형 주택에 대한 선호도가 높아진 것. 그때부터 중·대형 미분양은 차곡차곡 쌓였다. 용인은 85㎡ 초과 중·대형 미분양이 전체의 83.6%에 달하고, 고양은 90.6%에 이른다.

③ 발목 잡은 고분양가

건설사들은 2007년 9월 시행된 분양가 상한제 규제를 피하기 위해 그해 상반기 분양 사업 승인을 집중적으로 신청했다. 4개 지역 모두 2007년 주택 분양 물량이 예년 수준의 2배에 달했다.

당시는 이미 한창 집값이 올랐을 때였다. 건설사들은 시세에 대비하여 분양 가격을 상승시켰다. 그러한 방식으로 지역마다 경쟁적으로 분양 가격이 뛰던 시기였다. 하지만 부동산 경기가 식으면서 고(高) 분양가는 미분양을 더욱 양산하는 결과를 낳았다.

글로벌 금융 위기가 발생한 2008년 정부는 지방에서 미분양 주택 문제가 골머리를 썩이자 양도세 감면 등의 해결책을 내놨으나, 수도권은 투기를 우려해 제외했다.

이 조치로 지방 미분양 주택은 3분의 1로 줄었지만, 수도권 미분양은 계속 늘어 3만 가구를 돌파했다. 수도권 장기 미분양이란 고질적인 숙제를 남긴 것이다.

미분양 보유 중견건설사 상당수 구조조정서 퇴출될 듯,
워크아웃이나 주택 공급량 늘려 해결하기도 어려워

위와 같은 조선일보 기사를 제목을 보았을 때, 바젤3 관리 리스크를 시행하는 2021년 하반기부터 2023년 상반기는 2012년의 건설사 상황과 유사할 것이다.[37] 선진국의 경우 시행사의 자기자본 평균은

---

37   바젤3 IFRS-9에 의한 위험가중치 RWA 시스템은 2018년 시장혼란과 업계의 반발 등으로 금융감독원 2018년 기준 3년 연기되었다. 과거 2018년 시행 2020년 도입 등이다. 현재 2021년 6월 시행, 2023년 1월 시장 리스크 시행 등이 논의 중에 있다. 과거 2018년

약 45%이다. 한국의 시공사 평균 자기자본은 4~6% 수준으로, 사실상 자기자본금 없이 진행하는 황금광 시대의 비즈니스 행태이다. 관료부패 상황에서 이러한 업계 관행은 고착화돼 있어, 뇌물과 전관예우 그리고 한탕주의 그 이상도 이하도 아닌 부패한 사업 분야로 인식되고 있을 뿐이다. 만약 수도권의 잔금대란, 즉 더 이상 폭탄을 받아 줄 실수요자가 없는 상황이 오면, 이들은 과감하게 폭탄 터트리기 시작한다. 또한 이러한 상황은 대규모 깡통주택을 양산한다. 그것은 수도권 빈집의 대량 발생과 해결되지 않는 기존 주택전세권 갈등 때문이다. 주택 공급 과잉 우려가 더 확산될 것이며 전국 미분양 아파트의 절반 이상을 중견 건설사가 짊어지고 있는 상황이 반복되어 왔었다. 모두가 아는 그 시기의 비극은 항상 오고 있다. 그리고 가까이 와 있다.

대형 건설사에 비해 유동성과 재무구조가 취약한 중견건설사의 미분양 보유는, 주택 시장에도 큰 위협이 될 것이다. 이들 건설사 중 상당수는 건설사 구조조정 과정에서 퇴출될 것이다. 퇴출되는 상태에서 지급 보증한 주택보증 기금의 고갈 또한 심각한 문제로 떠오를 것이다. 더 큰 문제는 이러한 대형 건설사의 20~30%는 부도 및 법정관리 같은 대주단을 통한 자금지원과 워크아웃 같은 방법이 통하지 않

기준을 변경하였다.

는다는 것이다. 즉, 2021년 하반기를 넘어서면서는 더 이상 주택 공급량을 늘려 해결하는 방법을 쓸 수 없다는 사실이다.

이로 인해 시장은 더 큰 공포를 체감할 것이며, 기존 세입자와 만료된 전세권자 간의 분쟁은 극단으로 치달을 가능성이 높다. 또한 기존 전세가 만료되어도 다른 세입자를 구하지 못하는 상황이 많이 나타날 것이다. IFRS-9 시스템의 경기 변동 위험 감지 시 부동산 담보 대출이 거절되는 시스템 하에서는 시장 내의 이해 관계자가 서로 죽지 않기 위하여 버티는 싸움이 될 것이다.

즉, 소유자가 입주할 수 있는 세입자를 구하지 못하여 임차권 등기로 인한 법정 분쟁은 시간이 갈수록 크게 증가할 것이다. 또한 전세를 빼지 못한 전세권자 입장에서는 입주하지 못하면 빚폭탄에 시달리는 이중고를 겪게 된다. 그리고 막상 입주한다고 하여도 건설사 부도와 시장 가치보다 떨어진 주택에 대한 스트레스가 심각할 것이다. 게다가 분양받은 주택은 IFRS-9 시스템상 가격이 더 떨어질 가능성이 있으며, 이것이 손실로 인식되기 때문에 차액분 상환과 이자율 상승으로 인한 고통의 시간 또한 기다리고 있을 것이다.

중견 건설사들은 공급 과잉 우려가 현실화될 경우 미분양 적체로 인해 유동성 압박을 받을 것이다. IFRS-9 시스템상 장부상이 아닌 미래 시장가치 손실 인식이 있을 경우 은행 대손충당금이 8배 이상 증가한다. 그렇기 때문에 중견 건설사의 대부분은 파산 공포에 시달리게 될 것이다. 우리는 뉴스를 통해 망해 가는 대부분의 중견 건설사와 앞으로 장기 수선 충당금 같은 아파트 브랜드 가치의 하락을 우려한 법정 분쟁을 보게 될 것이다. 수도권 전 지역이 건설사-분양자-세입자-집주인-보증공사-은행이 얽히고설킨 지루한 법정 투쟁의 뉴스를 2021년부터 3~5년간 보게 될 것이다. 주택은 이제 중상층 욕구를 충족할 환상의 제품에서 탐욕의 극단과 빚과 대출이자로 인한 고통의 상징으로 둔갑될 가능성이 매우 높다.[38]

---

38 2020년 학령 인구 감소, 대규모 베이비부머 은퇴 시작, 7월 공원 일몰제 시행, 군사보호지역 등이 해제된다. 또한 같은 연도 강남4구 본격 입주가 하반기부터 진행된다. 공원 일몰제와 군사보호지역 등의 면적인 1억 1천만평 규모의 해제 지역으로 보고 있다. 강남의 경우 말죽거리 공원과 서초지구 그린벨트 지역 약 45만 평의 택지공급이 가능하다는 것이 건설업계의 중론이다. 서울 시내 45만 평 택지 지구의 경우 3년 이내에 숲세권 5만 세대는 즉시 공급이 가능하다.

분양 갈등 틈타 이해관계자들의 엑스맨 활개칠 것,
생존 건설사들은 건설·임대업 시스템으로 전환할 듯[39]

이하의 내용은 주택 분양 갈등에 관한 풍설인데 현실화될 가능성이 크다. 이해관계자의 엑스맨들이 활개를 치면, 분양자들은 입주한 이후 끊임없는 갈등과 분열에 노출될 가능성이 크다. 그간 한번도 듣도 보도 못한, 이른바 국정원보다 무서운 엑스맨들의 행태 때문이다.

이러한 엑스맨들은 입주자들의 단합과 건설사 부실 징후 발견을 사전 차단하는 것을 목표로 나타난 이해관계자와 기생관계였으나, 이제는 아파트 운영권부터 각종 부실에 대한 이해관계를 능통하게 아는 전문가가 되었다. 이들은 입주자들을 상대로 일반인들이 알지도 못하는 민법과 형사법을 들이밀면서 '불편한 이웃'으로 떨어진 주택 가격과 빚의 공포로 눌려 있는 분양자를 위에 군림할 것이다. 몇 년간 이들의 행태, 즉 건조물 침입죄부터 온갖 괴롭힐 수 있는 인간의 종말을, 분양 입주한 이들이 경험하게 될 가능성 또한 높다.[40]

39　노회찬 의원이 2006년 보도 자료를 보자면 1만 8,000평을 8억 2,800만 원에 매입해서 405명을 상대로 320억 원을 편취한 혐의로 구속 기소된 8명의 피의자가 초범이거나 동종 전과가 없다는 이유로 벌금 200만 원에 불과하였다. 이후 폭력조직원에게 까지 부동산 사기가 유행하여 부동산 업자들이 종종 납치·살해 되는 경우가 최근까지 발생하고 있다. 부동산 투기범죄 실형 선고율은 8.3% 불과했다.

40　2002년 당시 잠실을 중심으로 미등기 전매로 매물을 확보한 투기 세력들은 집값을 끌어올리기 위해 과장된 정보를 흘려 시세를 조작하는 일이 빈번하였다. 이후 담합을 유

살아남은 건설사들은 기업형 임대주택으로 될 가능성이 크다. 30대 대기업이 된 부영그룹같이, 주택과 일본식 기업 임대 렌탈 시스템을 본받아 건설보다 주택임대 시장의 건설과 임대를 병행하는 건설임대업 업체로 진화해 갈 것이다. 평균 주택 노후 연령이 20년 차가 넘어서는 서울부터 수도권 재생사업이 열리는 2023년쯤에 가서야 생존의 기지개를 본격적으로 펴게 될 것이다.

빈집에 거주하는 빈민 CITY OF ANGEL의 출현, 슬럼화된 도시… 현실적으로 퇴거시키기 어려워

수도권에 광범위하게 퍼진 빈집에는 한번도 보지 못하는 빈집 거주 인간들, 즉 'CITY OF ANGEL'[41]들이 출몰할 가능성이 높은데, 상

도하고 시세를 끌어 올린 이후 막차 태워 시집보내기가 유행한 시절이었다. 2005년 7월 7일부터 12월 31일까지 '부동산투기사범 특별단속'을 실시, 모두 252명을 구속했다. 2004년 투기꾼들 명단까지 공개되기도 하였다. 경기도는 2006년 당시 2기 신도시 돌려치기가 유행했었다. 동탄, 용인, 광주 등 2기 신도시 후보지로 거론됐던 지역들에서 신종 수법들을 동원한 부동산 투기와 탈세가 기승을 부렸었다. 투기꾼들은 부동산중개업자와 짜고 오피스텔이나 아파트 분양권을 계속 사고팔아 가격을 올리는 이른바 돌려치기 수법을 썼다. 이 당시 동탄2가 300명으로 광주 285명, 분당 231명, 고양 198명, 시흥 119명, 군포·의왕 111명 등의 차례로 적발 되었다.

41 베이비부머의 본격적인 은퇴를 2020년으로 보고 있다. 2020년 50대 베이비부머 세대의 32%가 극빈층에 해당한다. 이들의 노동생산 가능성이 과거 소득보다 60% 감소한다는 은행 건전성으로 본다면, 베이비부머 세대의 상당수는 빈곤층으로 추락하게 될 것이다. 베이비부머 세대는 프랑스의 68세대와 비슷하다. 자신들의 정치적인 주장과 수사 가능성 또한 한국의 어떠한 세대보다 뛰어난 세대이다. 투기로 인한 극빈층 및 빈곤

황은 이러하다. 우리나라 민법상 경매나 공매 시스템 하에서 기업과 주택 소유주가 이해관계에 있는 사람을 쫓아내는 것은 현실적으로 어렵다. 이름과 주민번호를 모르는 상태에서 통상 2년 정도 걸리는 데 최대한 끌 수 있는 시간은 4년 정도이다.

빈집이 남아돌게 되면 IFRS-9 시스템과 경제 위기로 인한 대규모 실업자 및 파산자들은 월세 시장에서 월세조차 내지 못하게 될 가능성이 크다. 이러한 부류의 사람들이 대규모로 나타난다면 수도권 주거시장에서 무슨 일이 벌어지겠는가?

극단에 몰린 노인 빈곤층 및 50~60대 파산한 자영업자들은 미래가 담보되지 않은 실업자들이 될 것이다. 쉽게 말하여 돈 한 푼 없이 사회 밑바닥으로 추락한 계층은 정보를 유동하게 될 것인데, 생존의 진화에서 적정 기술이 삶의 생존 조건이 이들은 법과 제도의 허점을 공유하게 될 것이다. 이미 상당 규모의 엑스맨 시장이 형성된 수도권에서 이들의 민사상 노하우는 많은 이들에게 노출될 것이다.

충 계층 하락을 과거의 전후 세대처럼 주거 빈곤을 받아들일 것이가 하는 고민에서 나온 추론과 가설이다. 이 세대의 경우 권리 주장에 대해서는 다른 세대에 비하여 상당하게 발언권이 강하다. 주거존엄권 같은 서구유럽의 존엄권 운동의 한 방편인 빈집점거 운동, 즉 빈집 점유권리 운동처럼 유럽 68세대에서 벌어진 일이 우리나라에서는 586세대 일어날 가능성을 매우 높게 보고 있다.

쉽게 말해 빈집 주거에 관한 민형사상의 허점과 적정 기술이 만나게 되면 갈 데 없는 이들은 빈집을 거주지로 삼을 것이다. 도시 미분양 구주택단지 및 법정 싸움에 휘말린 주거단지들, 이른바 빈집들은 극단의 몰린 실업자 집단과 한계에 다다른 자영업자들의 삶의 구원처럼 다가올 수 있다.

은행 대출에 대한 채권 담보 기간은 5년이며, 이 기간 이후의 채권은 소멸된다. 빈집은 누군가 경매나 기타 문제로 먼저 점유하게 된다면, 민사 형사로 거의 처벌이 불가능하며 퇴거시키는 데 최하 1년에서 많게는 2~3년 걸린다. 휴대용 태양광 시설과 씻을 수 있는 물이 확보되고, 또 이웃 공공시설 이용 가능성이 조합된다면 한계에 내몰린 이들에게는 삶의 안식처 역할을 하게 될 가능성이 높다.

중견 건설사의 대규모 파산과 분쟁 또한 CITY OF ANGEL의 출현을 가속화시킬 것인데, 진정한 공포는 막상 신원이 확인되고 이들을 퇴거시킨다 하여도 중간에 또 다른 사람이 이해관계자라 주장하며 점유할 수 있다는 것이다. 이 경우 퇴거 소송을 진행하여도 또 다른 분쟁이 기다리고 있어 경매나 공매 등 법적인 분쟁으로 인한 미분양 슬럼화된 구주택은 법적인 분쟁지가 될 것이다. 이러한 빈집 점유가 늘어날수록 아이러니하게도 은행에 관계된 금융 채권자들은 또 다른 채권 소송이 불가능한 새로운 주거 빈민들과 전쟁을 벌이게 될 가능성이 매우 높다. 이러한 분쟁은 결국은 이해관계인의 서로 간의 물고 물리는 싸움이다.

이는 몇 년 후 수도권 전 지역에서 사회 문제화될 것이다. 금융 신용 시스템의 변화와 공급 과잉의 주택 문제, 구조조정으로 인한 대규모 실업과 노인 극빈층 증가, 자영업 대규모 파산으로 인한 파산 가구 증가, 사회 양극화는 정점으로 치달을 것이다.

우리는 이러한 문제를 10년간이나 방치해 왔다. 우리는 이상의 기술과는 다른 미래를 꿈꾸어야 할 것이다. 악몽의 시간과 가족신화 붕괴 현상 속에서 우리는 더 나은 내일을 이 기간 꿈꾸기를 바랄 뿐이다.

[참고 자료 6]

저렴한 이자 월세 대출 정보

국토교통부는 연소득 5,000만 원 이하도 월세 대출이 가능하도록 하는 등 제도를 확대하기로 했다. 월세 대출은 주택도시기금에서 저리로 매월 30만 원까지 대출해 주는 상품이다. 월세대출에 대해 문답(Q&A)으로 정리했다.

▶ **대출금은 얼마까지 가능한가?**
준 전세·준 월세·순수 월세 형태로 거주하는 임차인에 대해 주택도시기금에서 연 1.5~2.5% 이자로 월 30만 원까지 대출이 가능하다.

▶ **대상이 어떻게 되나?**

연 1.5% 이자 적용을 받는 우대형은 취업준비생, 사회초년생, 근로장려금·자녀장려금 수급자, 희망키움통장 가입자가 대상이다. 이번에 새롭게 만들어진 연 2.5% 이자를 적용받는 일반형의 경우 부부 합산 연소득 5,000만 원 이하면 받을 수 있다.

▶ **대출금 이용 기간은 언제까지 가능한가?**

현재 6년인데, 앞으로 최대 10년까지 가능하다.

▶ **월세 대출이 가능한 주택 유형이 있나?**

아파트·다세대·주거용 오피스텔 등 주택 형태상 특별한 제한은 없다. 다만 무허가건물이나 등기부등본상 불법건축물로 등재된 주택 또는 고시원은 대출이 어렵다. 전용면적은 85㎡(수도권을 제외한 도시 지역이 아닌 읍 또는 면 지역은 100㎡) 이하만 가능하다.

▶ **보증금이나 월세 계약액의 제한이 있나?**

월세보증금이 1억 원 이하이고 월세 60만 원 이하인 경우만 받을 수 있다.

▶ **월세 대출은 언제 신청할 수 있나?**

임대차 계약체결일 이후부터 임대차 기간 동안 언제든지 신청이 가능하다.

▶ **보증금이 있는 월세도 대출이 가능한가?**

가능하다. 다만, 보증금이 있는 월세의 경우 버팀목 전세자금대
출과 동시 신청은 어렵다.

▶ **대출 신청과 상담은 어디에서 받을 수 있나?**

주요 검색창에 '주택도시기금 포털'을 치면 구비서류 등과 상
세절차를 미리 확인 가능하다. 대출 신청 전에 자세한 상담이
필요한 경우 우리은행·KB국민은행·신한은행·NH농협은
행·IBK기업은행·하나은행 등 6개 은행과 국토부(1599-0001),
주택도시보증공사(080-800-9001) 콜센터 등에 문의하면 된다.

자료 출처: 함께하는 개인회생/파산 상담실(우리법무사)

전월세금 보호 임차권 등기 방법

　보증금 반환을 받지 않고 이사를 하려고 하여, 임대인과 전월세금 분쟁 발생 시 주택의 소재지 관할 법원에 임차권등기명령을 신청하고, 등기부에 등기가 된 것을 확인하고, 주민등록을 퇴거하여야 임차권 등기의 효력이 발생한다. 따라서 임차권등기명령을 신청하여 이사를 하기 전에 등기부를 확인하여 임차권 등기가 되었는지를 확인해야 한다.

1. 임차권 등기명령을 신청하면 2주 정도 소요
　필히 임차권 등기를 확인하고 이사를 가야 함

2. 임차권 등기명령 신청 방법

신청 순서

관할 구청 세무과 방문 → 신청서 작성 → 등록세, 교육세 납부 고지서 수령 → 은행에 납부 → 등기소에 등록세, 교육세 영수필 확인서와 함께 준비한 서류를 제출

(1) 관할 시, 군, 구청 중 지방세과에 가셔서 등록세 신고 서류를 작성하여 제출
(2) 등록세+지방교육세 지로 용지를 받아서 관할 법원으로 갑니다.
(3) 관할 법원에 가서 주택 임차권 등기 명령 신청서 1부 작성하고
(4) 법원 내 은행에서 수입 증지/대법원 증지/송달 예치금/등록세 지로 납부
(5) 아래의 서류를 첨부하시면 됩니다.
  ① 건물 등기사항증명서(등기부 등본 1통)
  ② 주민등록 등본 1통
  ③ 임대차 계약서 사본 1통
  ④ 부동산 목록(A4 용지에 자신이 기록) 5통을 준비하여 신청서 와 같이 제출

신청 서식

법원 민사과에 가면 구비되어 있어서 제출하시면 편합니다.

경비

비용은 41,900원이 들어갑니다.

- 등록세: 3,000원(전세)

- 지방교육세: 600원(전세)

  월세이면 등록세: 월세액의 0.2%, 지방교육세: 등록세의 20%

- 인지: 2,000원

- 증지: 15,000원

- 송달료 1인당 3회분: 21,300원(2인×3회분×3,550원)

소요 기간

집주인에게 따질 수 있는 시간도 줘야 하니 2주에서 한 달 정도가 걸립니다. 그래서 등기를 신청해 놓고 바로 이사 가면 대항력이나 우선 변제 모두 사라지고 등기된 후에 다시 발생하여 권리 보호에 문제가 생기니 주의(경료된 것을 보고 이사 가야 함)해야 합니다.

자료 출처: 임차권등기명령 어떻게 하나요(http://tip.daum.net/question/78125689)

금융 시스템 이해
및 신BIS 협약

BASEL Ⅲ MOMENT

금융 시스템의 이해

금융 시스템의 정의

금융 시스템(financial system)은 금융 시장 및 금융 기관과 이들을 형성하고 운영하며 원활하게 기능하도록 하는 법규와 관행, 지급결제 시스템 등 금융 인프라를 모두 포괄하는 개념이다.

먼저 금융 시장은 기업, 가계, 정부, 금융 기관 등 경제 주체가 금융 상품을 거래하여 필요한 자금을 조달하고 여유 자금을 운용하는 장소를 의미한다. 금융 상품은 현재 혹은 미래의 현금 흐름에 대한 법률적 청구권을 나타내는 증서를 의미하는데 채권, 주식 등과 같은 기초 자산뿐만 아니라 선물, 옵션 등 파생금융 상품도 포함된다. 금융 시장은 거래되는 상품의 성격에 따라 대출 시장, 주식 시장, 채권 시장, 외환 시장, 파생 금융 상품 시장으로 구분할 수 있다. 여기서 외환 시장은 서로 다른 통화를 교환하는 시장으로 자금의 대차거래는 아니지만 자금이 운용되고 있다는 점에서 금융 시장에 포함된다.

 금융 기관은 거래비용의 절감, 만기 및 금액의 변환, 위험의 분산, 지급결제수단의 제공 등을 통해 금융 시장에서 경제 주체가 원활하게 금융 거래를 할 수 있도록 하는 역할을 수행하고 있다. 구체적으로 금융 기관은 예금·대출, 투자, 신용분석 등과 관련한 많은 전문 인력과 경험을 바탕으로 자금의 공급자와 수요자가 보다 적은 비용으로 금융 거래를 할 수 있도록 해 준다. 이와 함께 금융 기관은 다양한 리스크 관리 기법과 분산 투자 등을 통해 리스크를 축소하거나 분산함으로써 자금을 보다 안정적으로 운용한다. 한편 경제 주체 간의 각종 거래를 종결시켜 주는 지급결제수단을 제공하여 경제 활동을 보다 활성화시켜 주는 기능도 수행한다.

금융 인프라는 금융 시장과 금융 기관이 원활히 기능하도록 하는 각종 금융 규제 및 감독제도, 금융 안전망, 지급결제 시스템 등을 총칭한다. 금융 규제와 감독은 금융 시장 참가자가 일정한 룰을 준수토록 함으로써 시장이 공정하고 투명하며 효율적으로 작동할 수 있도록 하는 제도를 의미한다. 이에는 금융 관련 법률과 규정, 금융 기관의 인허가, 건전성 감독 및 감시, 제재 등이 포함된다. 금융 안전망은 금융 기관 도산 등으로 금융 시스템이 불안해지고 이것이 경제에 악영향을 미치는 것을 방지하기 위한 금융 시스템의 보완 장치이다. 대표적인 금융 안전망으로는 예금자보호제도와 중앙은행의 긴급유동성 지원제도(=최종 대출자 기능)가 있다. 한편 지급결제 시스템은 경제 주체의 경제 활동에서 발생하는 각종 거래를 마무리하는 지급결제가 원활히 이루어지도록 해 주는 제도적 장치를 의미한다.

금융 시스템의 기능

금융 시스템의 중요한 기능은 가계, 기업, 정부, 금융 기관 등 경제 주체들이 저축, 차입, 보험계약 등을 통해 소비나 투자와 같은 경제 활동을 원활하게 수행할 수 있도록 지원하는 것이라고 할 수 있다.

가령 가계는 금융 시스템이 제공하는 저축이나 보험 수단을 이용

함으로써 실직, 질병, 노후 등의 상황에서도 일정한 소비 수준을 유지할 수 있다. 또한 경우에 따라서는 미래의 소득을 예상하여 차입을 통해 현재의 소비를 늘릴 수도 있을 것이다. 기업도 높은 수익이 기대되는 부문에 대한 투자를 늘리고 싶을 경우 부족한 자금을 금융 시장이나 금융 기관을 통해 조달할 수 있으며, 이와는 반대로 여유 자금이 있는 경우에는 금융 시장이나 금융 기관을 통해 운용하게 된다. 이와 같이 금융 시스템은 예금, 주식, 채권 등의 금융 상품을 제공함으로써 경제 주체의 여유 자금이 저축되어 자금이 부족한 경제 주체의 투자나 소비 지출로 이어지도록 하는 기능을 수행한다.

특히 이러한 과정에서 금융 시스템이 자원을 생산성이 더 높은 경제 활동의 영역으로 흘러가도록 기능하게 되면 자원 배분의 효율성이 증대되면서 사회 전체의 후생도 늘어나게 된다. 이는 저축 혹은 투자 주체의 부(wealth) 혹은 수익이 늘어나는 것을 의미한다.

금융 시스템이 이와 같은 기능을 수행할 수 있는 것은 금융 시장이 금리, 주가, 환율 등 금융 상품의 가격을 형성하여 줌으로써 다양한 선호 체계를 가진 경제 주체의 금융 거래가 원활하게 이루어지도록 하기 때문이다. 예를 들면 어떤 자금 운용자는 위험이 높더라도 높은 수익을 보장하는 투자를 선호하고 어떤 자금 운용자는 그와 반대인 경우도 있다. 또한 자금 운용을 단기로 하고 싶을 수도 있고 장기를 원할 수도 있다. 자금 차입 주체가 선호하는 차입 조건 역시 다양할 것이다. 이와 같이 금융 시스템은 위험, 수익성, 만기, 유동성 등 다양한 시장 참가자의 선호 요인이 반영된 금융 상품을 제공하고 가격을 형성함으로써 자금 거래가 원활히 이루어지도록 한다. 이와 같이 금융 시스템이 발전하여 다양한 금융 상품이 제공되고 금융 거래가 활성화되면 적절한 가격을 바탕으로 경제 주체는 위험을 분산할 수 있다. 위험 분산을 위한 금융 상품으로는 생명 건강 등과 관련한 보험 상품과 금융 자산 가격의 변동 위험, 거래 상대방의 채무불이행 위험(=신용 위험) 등과 관련한 각종 파생금융 상품이 있다. 최근에는 금융 공학과 정보통신기술의 발전 등으로 파생금융 상품의 종류가 더욱 다양화, 국제화되고 있으며 그 거래 규모도 더욱 증대되는 추세이다.

한편 금융 시스템은 각종 경제 활동의 거래 결과를 완결해 주는 기능인 청산 및 지급결제기능을 수행한다.

마지막으로 금융 시스템은 정책 당국이 금융·경제 정책을 수행하는 중요한 경로가 된다. 예를 들어 중앙은행의 금리 정책은 금융 시장에서 공개 시장 운영 등을 통해 실행되며 정책의 효과는 금융 시스템을 거쳐 실물 경제로 파급된다. 이는 금융 시스템이 금융 상품의 공급을 통해 실제로 발행되는 중앙은행의 현금 통화보다 더 많은 유동성을 창출하는 기능을 수행하면서 실물 경제 활동을 뒷받침하기 때문이다.

그러나 금융 시스템이 금융 거래 계약을 통해 유동성을 창출하는 본원적 기능을 수행하는 이면에는 금융 시스템의 불안을 유발할 수 있는 잠재적인 요인도 함께 존재한다. 즉, 금융 거래 계약은 현금을 이용한 거래와는 달리 차후에 이행되지 못할 위험성도 내포하고 있다. 또한 불완전 정보, 불완전 경쟁 등으로 금융 시장은 완벽하게 작동하기 어려워 금융 시스템이 항상 스스로 사회적 후생을 극대화시켜 주지 못하거나 경우에 따라서는 금융 불안이 야기되어 큰 경제적 비용이 초래될 수도 있다.

따라서 금융 시장, 금융 기관 및 금융 인프라로 구성된 금융 시스템이 본연의 기능을 원활하게 수행할 수 있도록 정책 당국의 금융 안정을 위한 다양한 노력이 필요하게 된다. 이러한 관점에서 한국은행도 우리나라 경제의 건전한 발전을 도모하기 위해 금융안정상황분석 및 평가, 금융 시장 안정을 위한 긴급유동성 지원 등 다양한 금융 안정 정책을 수행하고 있다.

우리나라 금융 시스템의 개요

금융 시장

대출 시장은 은행, 저축은행, 상호금융, 신용협동조합 등과 같은 예금 취급 금융 기관을 통해 다수의 예금자로부터 자금이 조달되어 최종 자금 수요자에게 공급되는 시장을 말한다. 또한 신용카드회사와 같은 여신전문금융회사가 제공하는 현금서비스나 판매신용도 대출 시장에 포함된다. 대출 시장은 차주에 따라 기업 대출 시장과 가계 대출 시장으로 구분할 수 있다.

전통적 금융 시장은 거래되는 금융 자산의 만기에 따라 자금 시장(money market)과 자본 시장(capital market)으로 구분된다. 자금 시장은 단기금융 시장이라고도 하는데 콜 시장, 한국은행 환매조건부증권 매매시장, 환매조건부증권매매시장, 양도성예금증서시장, 기업어음 시장 등이 자금 시장에 해당된다. 자본 시장은 장기금융시장이라고도 하며 주식시장과 국채, 회사채, 금융채 등이 거래되는 채권시장 그리고 통화안정증권시장 등이 여기에 속한다.

외환 시장은 외환의 수요와 공급에 따라 외화 자산이 거래되는 시장으로 우리나라에서는 교역 규모 확대, 외환자유화 및 자본 시장 개방, 자유변동환율제 도입 등에 힘입어 주로 원화와 달러화를 중심으로 이종통화 간의 거래가 활발히 이루어지고 있다. 한편 외환시장은 전형적인 점두 시장의 하나로서 거래 당사자에 따라 외국환은행 간 외환매매가 이루어지는 은행 간 시장(inter-bank market)과 은행과 비은행 고객 간에 거래가 이루어지는 대고객 시장(customer market)으로 구분된다. 은행 간 시장은 금융 기관, 외국환중개기관, 한국은행 등의 참여하에 대량의 외환거래가 이루어지고 기준 환율이 결정되는 도매 시장으로서 일반적으로 외환 시장이라 할 때는 은행 간 시장을 말한다.

파생 금융 상품 시장은 전통 금융 상품 및 외환의 가격변동위험과 신용 위험 등 위험을 관리하기 위해 고안된 파생 금융 상품이 거래되는 시장이다. 우리나라의 경우 외환 파생 상품 위주로 발전되어 왔으나 1990년대 중반 이후에는 주가지수 선물 및 옵션, 채권선물 등이 도입되면서 거래 수단이 다양화되고 거래 규모도 크게 확대되고 있다.

금융 기관

우리나라의 금융 기관은 제공하는 금융 서비스의 성격에 따라 은행, 비은행예금취급기관, 보험회사, 금융투자회사, 기타금융기관, 금융보조기관 등으로 분류할 수 있다.

은행에는 은행법에 의해 설립된 일반 은행과 개별특수은행법에 의해 설립된 특수 은행이 있다. 일반 은행은 예금·대출 및 지급결제 업무를 고유 업무로 하며 시중 은행, 지방 은행, 외국 은행 국내 지점으로 분류된다. 특수 은행은 일반 은행이 재원의 제약, 수익성 확보의 어려움 등을 이유로 필요한 자금을 충분히 공급하기 어려운 특정 부문에 자금을 원활히 공급하기 위하여 설립되었으며, 한국산업은행, 한국수출입은행, 중소기업은행, 농협은행 및 수협은행이 있다.[42]

비은행예금취급기관에는 종합금융회사, 상호저축은행, 신용협동기구 등이 있다. 종합금융회사는 가계 대출, 보험, 지급결제 등을 제외한 대부분의 기업금융업무를 영위하며, 상호저축은행은 특정한 지역의 서민 및 소규모 기업을 대상으로 한 여수신업무에 전문화하고 있다. 신용협동기구는 조합원에 대한 저축편의 제공과 대출을 통

---

[42] 금융권 건전성 규제적용 기본적인 방침은 다음과 같다.
　ㅇ(은행) 외은지점에 대한 예대율 규제, 은행법상 이익준비금 규제
　ㅇ(보험) 후순위채 및 신종자본증권 발행제한 규제
　ㅇ(금융투자) 기업 신용 공여 관련 NCR 위험값, 전문사모 운용사에 대한 건전성 규제
　ㅇ(비은행) 상호금융에 대한 예대율 규제, 업권별 형평성을 고려하여 규제 강화
　ㅇ(비은행) 저축은행·여전사의 자산건전성 분류기준, 신협의 법정적립금 규제

한 상호 간의 공동이익 추구를 목적으로 운영되고 있으며 신용협동조합, 새마을금고 그리고 농업협동조합 수산업협동조합·산림 조합의 상호금융을 포함한다.

보험회사는 사망·질병·노후 또는 화재나 각종 사고를 대비하는 보험을 인수 운영하는 금융 기관으로 생명보험회사, 손해보험회사, 우체국보험 등으로 구분된다. 손해보험회사에는 일반적인 손해보험회사 이외에 재보험회사와 보증 보험회사가 있다.

금융투자업자는 자본 시장에서 주식, 채권 등 유가증권의 거래와 관련된 업무를 하는 금융 기관으로 투자매매 중개업자, 집합투자업자, 투자자문 일임업자, 신탁업자가 있다.

기타 금융 기관에는 리스 신용카드 할부금융·신기술사업금융을 취급하는 여신전문금융회사, 중소기업창업 투자회사, 신탁회사 등이 있다.

금융보조기관은 금융 거래에 직접 참여하기보다 금융제도의 원활한 작동에 필요한 여건을 제공하는 것을 주된 업무로 하는 기관을 의미한다. 여기에는 금융감독원, 예금보험공사, 금융결제원 등 금융하부구조와 관련된 업무를 영위하는 기관과 신용보증기관, 신용평가 회사, 한국자산관리공사, 한국주택금융공사, 한국거래소, 자금중개 회사 등이 포함된다.

금융하부구조

금융하부구조는 금융 시장과 금융 기관이 본연의 기능을 원활히 수행할 수 있도록 도와주는 토대가 되는 것으로 금융 규제 및 감독제도, 금융 안전망, 지급결제 시스템 등을 모두 포괄하는 개념이다.

우리나라의 금융 규제 및 감독제도는 금융관계법령의 제정·개정 업무를 관장하는 금융위원회가 만들어 발전시키고 있다. 이렇게 만들어진 틀 안에서 금융위원회와 금융감독원은 관련 규정의 제정·개정, 금융 기관의 설립·합병 등의 인허가, 검사·제재 등과 관련한 업무를 수행함으로써 금융 시장이 공정하고 투명하며 효율적으로 작동할 수 있도록 하고 있다. 한편 한국은행과 예금보험 공사도 제한적인 금융감독기능을 수행하고 있다. 즉, 한국은행은 통화신용정책 수행과 관련하여 금융 기관에 대해 금융감독원과 공동검사를 하거나 자료를 요청할 수 있으며 예금보험공사는 예금자보호와 관련하여 예금보험에 가입한 금융 기관에 대한 검사를 실시할 수 있다.

다른 여러 나라와 마찬가지로 우리나라에서도 금융 시스템의 불안을 방지하기 위한 금융안전망으로 예금보험제도와 중앙은행의 긴급유동성 지원제도가 마련되어 있다. 예금보험공사가 운영하는 예금보험제도는 예금보호 대상 금융 기관으로부터 일정한 예금보험료를 받아 두었다가 금융 기관이 예금 등을 지급할 수 없게 되는 경우 예금보험공사가 이를 대신 지급해 주는 제도이다. 우리나라의 예금보험제도는 보호 대상 금융 기관과 금융 상품 및 금액의 한도를 정하여 운영하는 부분지급보장 방식으로 운영되고 있다. 한편 금융 시장의 불안이나 특정 금융 기관의 일시적인 유동성 위기가 금융 시스템 전반의 불안으로 확산되는 것을 방지하기 위해 필요한 경우 한국은행은 긴급유동성을 지원하게 된다. 예를 들면 외환 위기가 발생하였던 1997년과 신용카드회사 영업 부실 등으로 금융 시장이 불안해졌던 2003년에 한국은행은 금융 시스템 안정을 도모할 목적으로 금융 기관에 긴급자금을 지원한 바 있다.

우리나라의 지급결제 시스템은 거액결제 시스템, 각종 소액결제 시스템 및 증권결제 시스템 등으로 구성되어 있다. 거액결제 시스템으로는 한국은행이 운영하는 신한은금융망(BOK-Wire+)이 있으며 은행, 금융투자업자 등 참가 금융 기관은 한국은행에 개설된 당좌예금 계정의 자금 이체를 통해 자금을 결제하고 있다. 소액결제 시스템은 경제 주체 간의 자금이체를 처리하고 그 결과 발생하는 금융 기관 간

자금대차 금액을 정산하는 지급결제 시스템으로 금융결제원이 운영하는 어음교환 시스템, 지로 시스템, 현금자동인출기(CD)공동망 등이 있다. 그리고 증권결제 시스템은 주식이나 채권 등을 사고팔 때 그 증권의 소유권을 이전하고 매매대금을 결제하는 지급결제 시스템으로 한국거래소와 한국 예탁결제원이 운영하는 유가증권시장결제 시스템 등이 있다. 한편 한국은행은 우리나라의 중앙은행으로서 지급결제제도를 총괄 감시(oversight)하는 업무를 수행하고 있다. 이와 관련하여 필요한 경우 한국은행은 자금지원을 통해 지급결제 시스템이 금융 불안의 확산 경로로 작용하지 않도록 한다.

신BIS 협약

자기자본 규제제도의 의의

금융 기관은 영업을 하는 과정에서 다양한 위험에 노출되어 있으며 이를 적절하게 관리하지 못하는 경우 도산할 수도 있다. 예를 들어 은행은 대출한 자금을 만기에 완전히 상환받지 못할 수 있는 위험, 즉 신용 위험에 노출되어 있다. 이외에도 은행은 보유하고 있는 채권이나 주식의 가격 하락, 직원의 자금 횡령 등 다양한 종류의 위험에 노출되어 있다. 따라서 은행이 도산하지 않고 영업을 지속할 수 있으려면 위험이 현실화되어 손실로 나타난 경우에도 이를 충당할 수 있을 만큼의 자본을 보유할 필요가 있는데 이를 제도화한 것이 자기 자본규제제도이다. 즉, 자기자본규제제도는 금융 기관이 영업 과정에서 예기치 못한 손실을 입는 경우에도 정부나 중앙은행의 자금 지원 없이 스스로 손실을 감당할 수 있을 만큼의 최소 자본을 사전에 쌓아 두도록 하는 제도이다.

현행 BIS자기자본규제제도는 은행의 건전성 유지를 위해 1988년 국제결제은행(BIS: Bank for International Settlements)[43]의 바젤은행감독위원회(BCBS: Basel Committee on Banking Supervision, 이하 바젤위원회)에[44] 의해 마련되어 그동안 전 세계 100여 개 국가에서 도입·시행되고 있는 제도이다. 동 제도는 은행의 자산을 차주의 신용도, 담보 및 보증 유무 등을 기준으로 분류한 후 위험이 높을수록 자본을 더 많이 적립토록 하는 규제 방식을 채택함으로써 은행이 과도하게 고위험-고수

---

43   BIS는 제1차 세계대전의 독일 배상문제를 처리하기 위한 중앙은행 간의 국제금융기구로 1930년 스위스 바젤에 설립되었다. 이후 업무 범위가 확대되어 국가 간 금융협력 증진, 금융 거래 중개, 국제통화 및 금융 안정, 국제 금융 거래의 편의 제공, 국제 결제와 관련된 수탁자 및 대리인 역할 등을 수행한다. 2010년 말 회원은 58개 중앙은행이며 한국은행은 1997년 1월 정식 회원이 되었다.

44   BCBS는 1974년 말 국가 간 은행감독 업무의 협력과 국제 기준 제정을 위해 설립된 BIS 산하의 위원회이다. 회원은 미국, 벨기에, 캐나다, 프랑스, 독일, 이탈리아, 일본, 네덜란드, 스웨덴, 스위스, 영국, 룩셈부르크, 스페인 등 27개국 중앙은행이며 한국은행은 2009년 3월부터 금융감독원과 함께 정식 회원으로 활동하고 있다.

익을 추구하는 것을 억제하고 있다.

신BIS 협약의 도입 배경 및 과정

종전의 BIS 자기자본규제(이하 종전 협약)는 시행 이후 많은 나라에서 금융 기관의 건전성을 제고하는 데에 크게 기여한 것으로 평가되고 있으나 1990년대 이후부터 동 협약에 의한 규제를 피할 수 있는 금융 상품이 등장하는 등 금융 환경이 변화하면서 그 유효성이 떨어지게 되었다. 또한 전자통신기술 및 금융 공학의 발달 등 새롭게 발전하고 있는 위험관리기법을 활용할 수 없는 문제점도 지적되었다. 이에 따라 1990년대 중반부터 선진국 중앙은행과 감독 당국, 국제기구 등을 중심으로 새로운 협약안에 대한 연구와 논의가 시작되었다.

이러한 노력의 결과 바젤위원회는 은행의 위험을 보다 정확하게 반영하면서도 은행이 보다 자율적이고 능동적으로 자신의 위험량을 측정할 수 있도록 상당한 재량권을 부여한 형태의 신BIS 자기자본규제(이하 신BIS 협약) 초안을 1999년 6월에 발표하였다.

이후 바젤위원회는 각국으로부터 다양한 의견을 수렴하는 한편 금융 기관 및 금융 시장, 실물 경제 등에 미치는 파급 효과에 대한 계량

영향평가(OIS: Quantita-tive Impact Study)도 여러 번 실시하여 신BIS 협약 안을 수정해 온 끝에 2004년 6월 신BIS 자기자본협약(New Basel Capital Accord)을 최종 확정하였다. 바젤위원회 13개 회원국의 경우 2007년 1월부터 동 협약을 시행하고 있으며 기타 국가의 경우에는 각국의 사정에 따라 시행 시기를 달리하고 있다. 우리나라는 2008년(고급법은 2009년)부터 시행하고 있다.

〈BIS 자기자본 규제제도의 주요 경과 내용〉

시기	내용	비고
1988년 7월	BIS 자기 자본규제제도의 도입	미국은 1982년부터 유사제도 실시, 바젤위원회 회원국은 1992년까지 단계적 도입[1]
1996년 1월	시장위험율 자기자본 규제대상에 포함	바젤위원회 회원국은 1997년 말까지 시행. 우리나라는 2002년 1월 시행
1999년 6월	신BIS 협약의 1차 협의안(CP1)발표	
2001년 1월	신BIS 협약의 2차 협의안(CP1)발표	
2003년 4월	신BIS 협약의 3차 협의안(CP1)발표	
2004년 6월	신BIS 협약 최종안 확정	바젤위원회 회원국 2007년초부터 시행. 우리나라는 2002년 1월 시행
2005년 7월	트레이딩 거래 활동에 대한 신BIS 협약 적용과 동시부도효과의 처리	신용파생상품 등 신상품 관련 리스크 측정 기준 추가 등
2009년 7월	신BIS 협약 시장 리스크 규제 관련 개정	유동화증권 규제강화, Stressed VaR 도입 등
2009년 12월	은행 부문 복원력 강화를 위한 공개 초안	자본체계 및 유동성 리스크 규제 등

출처: 한국은행

1) 우리나라는 1993년부터 실시한 것으로 되어 있으나 실질적으로는 외환 위기 이후 시행

신BIS 협약의 주요 내용

개요

종합적인 자본규제제도인 신BIS 협약은 일명 'Basel II'라고도 불리며 다음의 3개의 축(Pillars)으로 구성된다.

먼저 최저자기자본규제(Pillar I)는 은행이 직면하고 있는 신용 위험, 시장위험 및 운영위험의 3가지 위험에 대응하여 적립해야 할 최소 필요자기자본 규모에 대하여 규정하고 있다. 신BIS 협약의 BIS 자기자본비율도 종전의 협약과 같이 자기자본을 분자로, 총위험가중자산을 분모로 하여 산출되며 최저자기자본비율 요구 수준은 총위험가중자산의 8%로 되어 있다.

감독 당국의 점검(Pillar II)은 감독 당국이 금융 기관의 자본적정성 및 리스크 관리체계를 점검·평가하고 필요한 경우 적기시정조치 등 적절한 조치를 취하도록 하고 있다. 감독 당국의 점검이 중요한 이유는 신BIS 협약의 경우 위험 측정 시 금융 기관의 재량권이 커진데다 Pillar I의 체계 안에서 금융 기관의 위험 관련 사항을 모두 포괄하기 어렵기 때문이다.

시장규율(PillarⅢ)은 금융 기관의 위험 규모, 위험 관리 실태 및 자본적정성에 대한 공시를 강화토록 하는 것을 주요 내용으로 한다. 이와 같이 공시를 강화하는 목적은 시장 참가자의 금융 기관에 대한 감시 및 평가기능을 높여 Pillar I 과 Pillar II 의 기능을 보완하기 위한 것이다. 신BIS 협약의 PillarⅢ에서는 금융 기관이 공시해야 할 항목을 확대하고 공시주기도 단축하여 시장 참가자가 보다 용이하게 금융 기관을 감시하고 평가할 수 있도록 하였다.

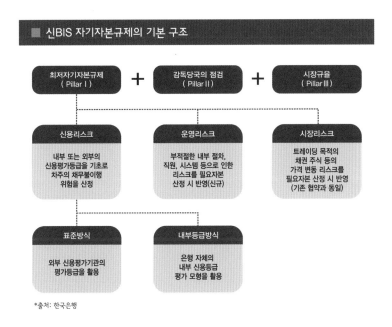

■ 신BIS 자기자본규제의 기본 구조

최저자기자본규제 (Pillar I)　+　감독당국의 점검 (Pillar II)　+　시장규율 (Pillar III)

신용리스크	운영리스크	시장리스크
내부 또는 외부의 신용평가등급을 기초로 차주의 채무불이행 위험을 산정	부적절한 내부 절차, 직원, 시스템 등으로 인한 리스크를 필요자본 산정 시 반영(신규)	트레이딩 목적의 채권 주식 등의 가격 변동 리스크를 필요자본 산정 시 반영 (기존 협약과 동일)

표준방식	내부등급방식
외부 신용평가기관의 평가등급을 활용	은행 자체의 내부 신용등급 평가 모형을 활용

*출처: 한국은행

주요 내용

신BIS 협약에서는 은행의 영업 규모 확대 및 종전 방식의 최저자기 자본규제(Pillar I)만으로는 은행의 건전성 및 안정성 확보가 어렵다는 점을 국제적으로 합의하여 이를 보완하는 Pillar II · III를 신설하였다.

최저자기기자본규제(Pillar I)

위험가중자산의 8% 이상을 은행의 자기자본으로 적립토록 하는 최저자기자본비율의 기본개념은 종전의 협약과 동일하다. 다만, 위험가중자산에 운영 리스크가 추가되고 신용 리스크 측정 시 기존의 획일적 기준을 폐지하고 은행의 자체 평가 방식을 허용하고 있다.

신용 리스크

신용 리스크 측정 방법으로 표준 방법, 내부등급법(기본 및 고급)이 있으며 각행이 리스크 수준 및 관리 능력에 따라 자율적으로 선택할 수 있다.

표준 방법(Standardised Approach)은 보유 익스포저를 9개 부문으로 구분하고 적격 외부신용평가기관(ECAI: External Credit Assessment

Institution)이 평가한 신용등급에 따라 위험 가중치를 차등(0~1,250%)
적용한다.

　기업 익스포저의 경우 종전 협약에서는 신용등급에 관계없이 일률
적으로 100%의 위험 가중치를 적용하였으나 신협약은 신용등급이
BBB⁺~BB⁻인 경우 위험 가중치 100%를, 이보다 높은 경우(A⁻ 이상)에
는 20% 또는 50%를, 낮은 경우(B⁺ 이하)에는 150%를 적용한다.

<기업익스포저의 신용등급별 위험 가중치>

신용등급	AAA~AA⁻	A⁺~A⁻	BBB⁺~BB⁻	B⁺ 이하	무등급
표준 방법	20%	50%	100%	150%	100%
(종전 기준)	(100%)	(100%)	(100%)	(100%)	(100%)

출처: 한국은행

　유동화 익스포저에 대해서는 자산유동화를 이용한 규제자본회피
거래 방지를 위해 보다 엄격한 기준을 적용하여 신용등급이 일정 수
준(B⁺) 이하이거나 무등급일 경우 자기자본에서 직접 차감(위험 가중치
1,250%에 해당)한다. 소매 익스포저에 대해서는 75%의 위험 가중치를
일률적으로 적용(단, 주택담보대출은 35%)한다.

　내부등급법(Internal Ratings-Based Approach)은 은행 자체의 내부 신
용등급 평가 모형에 기초하여 익스포저별 리스크를 측정하는 데 표

준 방법과는 달리 감독 당국의 승인이 필요하다. 동 방법에서는 (1) 국가, 기업 및 은행, (2) 소매금융, (3) 자산유동화증권 등 크게 세 가지 익스포저별로 리스크 측정 방법이 상이하다. 먼저, 국가·기업 은행 익스포저는 은행이 측정한 리스크 요소의 활용 정도에 따라 기본내부등급법(Foundation IRB)과 고급내부등급법 (Advanced IRB)으로 구분된다. 기본내부등급법은 은행이 자체적으로 측정한 1년 후 차주의 부도 확률(PD: Proba-bility of Default)과 바젤위원회가 정한 부도시손실률(LGD: Loss Given Default), 부도시익스포저(EAD: Exposure at Default) 및 만기(M: Maturity)를 이용하여 위험 가중치를 산정한다. 이때, 만기는 2.5년을 적용하고 부도시손실률(LGD)은 담보 및 선순위 여부에 따라 차등(0~75%) 적용한다. 고급내부등급법은 부도확률(PD)뿐만 아니라 모든 리스크 요소에 대해 은행 자체 측정치를 활용한다.

한편 소매금융의 경우 기업 익스포저와는 달리 위험 가중치 산정 시 만기(M)를 고려하지 않으며 리스크 요소는 모두 은행 자체 추정치를 활용한다. 자산유동화증권의 경우 투자부적격등급의 증권에 대해서는 표준 방식보다 훨씬 높은 위험 가중치를 적용하는 반면 투자적격등급에 대해서는 다소 낮은 위험 가중치를 적용한다.

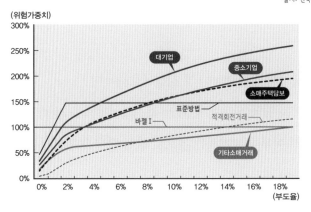

■ 내부 등급법의 익스포저별 위험가중치

❷ 부도 시 손실률(LGD)은 45%, 만기(M) 2.5년 가정
*출처: 한국은행

운영 리스크

운영 리스크는 내부통제제도의 미흡, 담당 직원의 실수 및 시스템의 오류 등으로 인하여 발생할 수 있는 손실에 대한 리스크를 말한다. 측정 방식으로는 리스크 민감도가 낮은 순으로 기초지표법(BIA), 표준 방법(SA) 및 고급측정법(AMA)으로 구분한다. 기초지표법(Basic Indicator Approach)은 과거 3년간 총이익(순이자수익+순비이자수익)의 15%를 필요자기자본 규모로 산정한다. 표준 방법(Standardised Approach)은 은행의 영업 활동을 8개 부문으로 나누고 각 영업 부문별 총이익의 일정 비율(12~18%)을 필요자기자본규모로 산정하여 합산한다. 고급측정법(Ad-vanced Measurement Approach)은 은행이 자체

내부 손실자료와 리스크 측정시스템을 활용하여 만든 내부 모형에 따라 필요자기자본을 산출하는 방식으로서 감독 당국의 승인을 받아야 한다.

감독 당국의 점검(Pillar II) 및 시장규율(Pillar III)

Pillar II 는 감독 당국이 은행의 리스크 수준을 측정하고 자기자본의 적정성 여부를 평가하는 것으로 감독 당국은 필요시 은행으로 하여금 Pillar I 에서 규정하고 있는 최저자기자본을 상회하여 자기자본을 보유토록 규정한다. 이때 은행은 Pillar I 의 대상이 아닌 리스크도 감안하여 적정 자기자본을 산출하는 시스템을 구축하여야 한다.

Pillar III는 리스크 수준 및 자본적정성의 공시에 관한 것으로 은행의 리스크 관리 항목에 대한 공시 확대를 통해 건전한 영업 활동 수행을 유도함으로써 최저자기자본규제 및 감독 당국의 점검을 보완하고 있다.

〈신BIS 협약의 기본 구조〉

구분		신BIS 협약
최저자기 자본규제 (Pillar I)	신용 리스크	1. 표준 방법(승인 불필요) · 적격 외부신용평가기관이 평가한 신용등급에 따라 위험 가중치 차등 적용(0~1,250%) 2. 내부등급법(감독 당국의 승인 필요) · 은행 자체의 내부신용평가 모형 활용 · 기본내부등급법*과 고급내부등급법**으로 구분 　*은행 자체적으로 부도율(PD)만 산출 　**은행 자체적으로 부도율, 손실률, 익스포저도 산출
	운영 리스크	· 운영 리스크 추가 (부적절한 내부절차, 직원, 시스템 또는 외부의 사건으로부터 초래되는 손실리스크) 1. 표준 방법(승인 불필요) · 총이익을 기준으로 운영 리스크 산출 · 기초지표법과 운영표준법으로 구분 2. 고급측정법(감독 당국의 승인 필요) · 자체의 손실자료와 리스크 측정 시스템을 활용하여 운영 리스크 산출
	시장리스크	종전 협약과 동일
감독 당국 점검 (Pillar II)	Pillar I 이외의 리스크 관련 (금리, 유동성, 전략, 평판리스크 등)	· 은행의 내부평가절차의 적정성에 대해 점검·평가 · 은행의 리스크 수준에 따라 추가적인 자기자본 보유 요구 가능
시장 규율 (Pillar III)	-	· 자기자본의 세부 내역과 리스크별 측정 방법에 대한 공시 확대

출처: 한국은행

주 1: 종전 협약에서는 기업여신에 대해 일률적으로 100%의 위험 가중치를 적용

$$\text{BIS 비율} = \frac{\text{자기자본}}{\text{위험가중자산}} \times 100$$

신BIS 협약의 도입 현황

국내 은행의 도입 현황

신BIS 협약은 2008년부터 국내에서 시행(고급법은 2009년)되었다. 이를 위해 국내 은행들은 전담조직을 만들어 「신BIS 협약 세부추진계획」을 수립하는 한편 데이터 확보 및 신용평가시스템의 구축·개선 등을 추진하여 왔다. 2016년 12월 현재, 신용 리스크의 경우 국민 등 11개 은행은 내부등급법(고급 및 기본), 6개 소형 은행은 표준 방법을 적용하고 있으며, 운영 리스크의 경우 국민 등 5개 대형 은행은 고급측정법, SC제일 등 7개 은행은 운영표준법, 경남 등 5개 은행은 기초지표법을 채택하고 있다.

〈은행별 리스크 측정 방법(2016.12. 기준)〉

고급내부등급법		신용 리스크		
		기본내부등급법	표준 방법	
운영 리스크	고급측정법	기업	KEB하나, 신한, 우리, 국민	-
	운영표준법	SC제일	대구, 산업, 광주, 농협	부산, 씨티
	기초지표	-	경남	수출입, 전북, 제주, 수협

출처: 한국은행

주요국의 도입 현황

바젤위원회 회원국을 중심으로 주요국들은 2007년 초에 신BIS 협약을 도입(고급내부등급법은 2008년 초)하였으나 미국 등 일부 국가는 자국 내 실정을 고려하여 도입 시기를 늦추거나 BIS가 제시한 방법을 다소 변형한 고유의 방식을 중소형 은행에 대해 병행 적용하는 방안을 추진하였다.

EU는 신BIS 협약을 공동 자본규제지침(Capital Requirements Directive)에 반영함으로써 2007년 1월(고급법은 2008년 1월)부터 적용하고 있으며, 미국은 2009년 1월부터 전면 도입하되 대형 은행은 고급내부등급법 도입을 의무화하고 중소형 은행은 도입 방법을 선택할 수 있게 하였다.

바젤위원회 회원국 이외 국가의 은행은 신BIS 협약 도입 의무가 없으나 신 협약 적용 시 국내외 투자자들로부터 리스크를 적절하게 관리하고 있고 은행의 건전성에 대해 감독 당국으로부터 인정받고 있다는 평가를 받을 수 있는 이점을 감안하여 도입하고 있다.

신BIS 협약 도입에 따른 영향

신BIS 협약의 도입과 시행은 감독제도는 물론 금융 기관 경영, 금융 시장 등 금융 산업 전반에 폭넓은 영향을 미치고 있다. 먼저 대부분의 국가에서 감독 당국의 건전성 규제 및 검사 기준으로 신BIS 협약을 채택하였기 때문에 신 협약은 건전성 규제제도와 위험 관리의 국제적 표준으로 자리 잡았다.

금융 위험 관리 분야에서는 위험 관리 시스템의 구축과 위험 측정의 기반이 되는 기초 통계의 중요성에 대한 인식이 확산되는 계기가 되었다. 이와 함께 차주에 대한 신용 평가 강화, 위험도에 따른 금리 차별화 및 포트폴리오 전략, 위험 거래 시장의 활성화 등 금융 기관이 보다 적극적으로 위험을 관리하도록 하는 여건이 조성되었다.

아울러 시장 규율 분야에서도 금융 기관의 공시 범위 확대, 공시 대상의 구체화 등으로 금융 기관 경영의 투명성도 더욱 제고되었다.

바젤Ⅲ 자본 및 유동성 규제 도입

바젤은행감독위원회는 2010년 12월 금융 위기의 교훈을 바탕으로 은행 부문의 복원력 제고를 위해 현행 자본규제체계를 크게 강화한 「바젤Ⅲ 규정기준서」를 발표하였다. 동 기준서의 주요 내용은 규제자본의 질(質)과 양(量)을 강화하고 레버리지비율 규제를 신설하는 등 글로벌 규제자본체계를 강화하고 글로벌 유동성 기준을 새로 도입하는 것이다.

■ 바젤Ⅲ 주요 내용

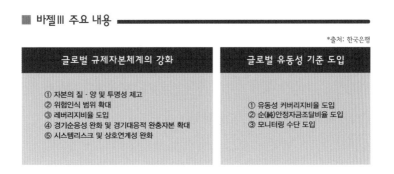

*출처: 한국은행

글로벌 규제자본체계의 강화	글로벌 유동성 기준 도입
① 자본의 질·양 및 투명성 제고 ② 위험인식 범위 확대 ③ 레버리지비율 도입 ④ 경기순응성 완화 및 경기대응적 완충자본 확대 ⑤ 시스템리스크 및 상호연계성 완화	① 유동성 커버리지비율 도입 ② 순(純)안정자금조달비율 도입 ③ 모니터링 수단 도입

글로벌 규제자본체계의 강화

손실 발생 시 금융 기관이 자체적으로 이를 흡수할 수 있는 자본을 충분히 보유토록 하기 위하여 BIS 자기자본비율을 보통주자기자본비율, 기본자기자본비율, 총자본비율 등 세 가지로 구분하고 각각 위험가중자산의 일정 비율 이상이 되도록 규제할 예정이다. 즉, 총자기자본비율은 현행과 같이 8.0%로 하되 보통주자본비율은 2.0%에서

4.5%로, 기본자기자본비율은 4.0%에서 6.0%로 상향 조정하기로 하였다. 아울러 기본 자본을 손실흡수력이 가장 높은 보통주와 이익잉여금 위주로 구성하여 자본의 질(質)도 보강할 예정이다.

한편 위기 상황 발생 시 은행들이 손실을 흡수할 수 있도록 자본보전 완충자본으로 최저 2.5%의 보통주자본을 추가로 적립토록 하였으며 경기순응성 완화를 위하여 경기 대응 완충자본(0~2.5%의 보통주자본)도 별도로 적립토록 하였다. 은행들의 무분별한 자산 확대 방지를 위해서 익스포저 대비 기본자본의 비율이 3% 이상이 되도록 하는 레버리지비율 규제도 새로 도입한다.

글로벌 유동성 기준 도입

금융 위기 중 은행들이 경험한 어려움은 유동성 리스크 관리의 기본 원칙을 간과한 데 있었음을 감안하여 글로벌 유동성 규제체계를 강화하였다. 스트레스 상황 하에서 은행이 단기간의 급격한 유동성 유출에 견딜 수 있도록 유동성커버리지비율(liquidity coverage ratio)을 도입하는 한편 은행의 안정적인 자금조달구조 구축을 유도하기 위하여 순안정자금조달비율(net stable funding ratio)을 신설하였다.

이행 일정

보통주자본비율과 기본자본비율 규제는 2013년부터 매년 0.5%씩 상향하여 2015년 이후 각각 4.5%, 6.0% 이상 적립하여야 한다. 자본 보전 완충자본은 2016년부터 매년 0.625%씩 상향하여 2019년부터 2.5% 이상을 유지하여야 하며, 경기 대응 완충자본은 2016년부터 적용된다. 한편 레버리지비율은 2018년부터, 유동성커버리지비율은 2015년부터, 순안정자금조달비율은 2018년부터 시행된다.

■ 바젤III의 자본 및 유동성규제 이행 일정 (단위:%)

구 분			바젤 II	바젤 III	이행일정							
					'13	'14	'15	'16	'17	'18	'19	'20
자본규제	최소필요 자본비율 (A)	총자본비율	≥8.0	≥8.0	8.0	8.0	8.0	8.0	8.0	8.0	8.0	8.0
		기본자본(Tier1자본)비율	≥4.0	≥6.0	4.5	5.5	6.0	6.0	6.0	6.0	6.0	6.0
		보통주자본비율	≥2.0	≥4.5	3.5	4.0	4.5	4.5	4.5	4.5	4.5	4.5
		보완자본(Tier2자본)비율	≥4.0	≥2.0	3.5	2.5	2.0	2.0	2.0	2.0	2.0	2.0
		단기후순위채무(Tier3자본)	인정	폐지	--	--	--	--	--	--	--	--
	완충 자본비율	손실보전 완충자본비율(B)	-	≥2.5	-	-	-	0.625	1.25	1.875	2.5	2.5
		경기대응 완충자본비율	-	≥0~2.5	-	-	-	0~2.5	0~2.5	0~2.5	0~2.5	0~2.5
	필요 자본비율 (A+B)	총자본비율 +손실보전완충자본비율	-	≥10.5	8.0	8.0	8.0	8.625	9.25	9.875	10.5	10.5
		기본자본비율 +손실보전완충자본비율	-	≥8.5	4.5	5.5	6.0	6.625	7.25	7.875	8.5	8.5
		보통주자본비율 +손실보전완충자본비율	-	≥7.0	3.5	4.0	4.5	5.125	5.75	6.375	7.0	7.0
	레버리지 비율	자본/총익스포저 (분기마다 산출)	-	≥3.0	보조지표활용 (parallel run)					3.0	3.0	3.0
유동성규제		유동성 커버리지비율(LCR)	-	≥100	관찰기간		60	70	80	90	시행	
		순안정자금조달비율(NSFR)	-	≥100	관찰기간					시행		

*출처: 한국은행

관련 사이트

■ BIS 바젤 은행 감독 위원회의 신BIS 협약 관련 자료: 자기자본규제

Basel II: Revised International Capital Framework(BCBS)	http://www.bis.org/publ/bcbsca.htm
Basel II: International Convergence of Capital Measurement and Capital Standards: a Revised Framework(BCBS)	http://www.bis.org/publ/bcbs107.htm
Basel II: International Convergence of Capital Measurement and Capital Standards: a Revised Framework(BCBS) (November 2005 Revision)	http://www.bis.org/publ/bcbs118.htm
Basel II: International Convergence of Capital Measurement and Capital Standards: a Revised Framework Comprehensive Version(BCBS) (June 2006 Revision)	http://www.bis.org/publ/bcbs128.pdf
Basel III 관련자료	http://www.bis.org/basel3.htm

*출처: 한국은행

Basel Il Portal for Asia-Pacific Region: http://www.basel2.hk

BASEL Ⅲ MOMENT

참고 자료 및
관련 사이트

보도 자료

[금융위원회 보도자료] 산업별 구조조정 추진현황과 향후계획(2015.12.30.)

[금융위원회 보도자료] 보험 국제회계기준 2단계 연착륙방안 마련 추진(2015. 3.30.)

[보험업 IFRS4-2도입영향 간담회] 금융위원장 모두발언(2016.6.10.)

[기획재정부 보도자료] 2016년 제9차 경제장관회의(2016.6.22.)

[한국은행 보도자료] 2015년 북한 경제성장률 추정 결과(2016.7.22.)

[미래창조과학부 보도자료] 연구소기업 설립기관 범위 확대된다!(2016.8.16.)

[산업통상자원부 보도자료] 공급 과잉 업종 구조조정 컨트롤타워 전격 출범 (2016.8.18.)

[한국경제연구원 보도자료] 국가총부채 4835.3조 원 GDP대비 338.8%… 관

리요망(6.22.)

[금융위원회·금융감독원 보도자료] 가계 부채 연착륙 종합대책(2011.6.29.)

[관계기관 합동 보도자료] 가계 부채 관리방향 및 은행권 '여신(주택담보대출)

심사 선진화 가이드라인' 발표(2015.12.14.)

[금융감독원] 16년 3월말 은행 및 은행지주회사 BIS기준 자본비율 현황(2016)

보고서 및 연구 논문

[KB금융지주금융연구소 포커스이슈] 오피스 시장과 하반기 전망(윤여신)

[KB금융지주금융연구소 포커스이슈] 최근 주택 시장 동향 및 주요특징 분석

(서동한)

[한국수출입은행 해외경제연구소] 베트남의 투자환경위험 평가 보고서(2014.6)

[수출입은행] 중소기업의 베트남 시장 개척방안연구(2013.5.)

[포스코경영연구원 POSRI 보고서] 2016년 유가상승국면 (2016.6.2.)

[현대경제연구원 경제주평] 국내산업 공동화 어디까지 왔나(2016.7.1.)

[현대경제연구원 경제주평] 과거 불황기와 최근 고용 현황 비교(2016.6.10.)

[e-KEIT 산업경제정보] 2016년 하반기 12대 주력산업 전망(2016.6.23.)

[KIET 산업경제] 4차 산업혁명과 한국 산업의 과제(2016.6.)

[LGERI 리포트] 2016년 하반기 경제전망(2016.7.13.)

[현대경제연구원 VIP 리포트] 최근유가급락의 한국경제 파급영향 (2016.1.26.)

[현대경제연구원 VIP 리포트] 초연결시대 산업전략 - 독일스마트 산업화의 내

용과 시사점(2016.2.1.)

[현대경제연구원 VIP리포트] 일본 제조업 르네상스의 현황과 시사점(2016.2.15.)

[현대경제연구원 VIP 리포트] 중동 주요국(GCC+2) 경제의 7대 특징과 시사점(2016.2.29.)

[현대경제연구원 VIP 리포트] AI시대, 한국의 현주소는?(2016.3.14.)

[현대경제연구원 VIP 리포트] 저물가의 가계 특성별 영향 및 시사점(2016.3.28.)

[현대경제연구원 VIP 리포트] 국내 서비스업 수급 현황과 시사점(2016.4.11.)

[현대경제연구원 VIP 리포트] 디지털 적자생존시대-서비스중심 제조모델 필요(2016.4.18.)

[현대경제연구원 VIP 리포트] 국제유가의 국내 물가 변수에 미치는 영향(2016.4.25.)

[현대경제연구원 VIP 리포트] 對中 수출 절벽 극복방안(2016.5.2.)

[현대경제연구원 VIP 리포트] 시니어시프트 도래에 따른 경제환경 변화와 기업대응 트렌드(2016.5.11.)

[현대경제연구원 VIP 리포트] 국내외 스타트업 현황과 시사점(2016.5.16.)

[현대경제연구원 VIP 리포트] 중국 인프라 시장의 전망과 시사점 (2016.5.23.)

[현대경제연구원 VIP 리포트] 중국 지적재산권 시장의 특징과 시사점 중국내 특허전쟁에 대비해야 한다(2016.5.30.)

[현대경제연구원 VIP 리포트] 중국 자본유출 현황과 시사점(2016.6.8.)

[현대경제연구원 VIP 리포트] 고부가 제조업의 추이와 수출경쟁력 국제 비교(2016.6.20.)

[현대경제연구원 VIP 리포트] 일본 고령자 일자리 창출과 시사점(2016.6.27.)

[현대경제연구원 현안과 과제] 최근 수출환경 점검과 시사점(2016.7.25.)

[LG Business Insight] 전세자금대출, 가계 대출 증가 주도하고 있다(2014.12.3.)

[LG Business Insight] 중국의 부채리스크, 위기발생은 통제가능 위기 해소엔 장시간(2016. 7. 6.)

[LG Business Insight] 가계의 자산 포트폴리오 부동산에서 금융·안전자산으로(2016. 8. 3)

[Deloitte Anjin Review] 보험사경영 패러다임의 변화-IFRS4-단계도입 영향과 준비2(2015. 9.)

[NICE 신용평가] 2016 산업위험평가-총론

[NICE 신용평가] 2016 산업위험평가-SI(시스템통합)

[NICE 신용평가] 2016 산업위험평가-도시가스

[NICE 신용평가] 2016 산업위험평가-디스플레이 패널

[NICE 신용평가] 2016 산업위험평가-메모리반도체

[NICE 신용평가] 2016 산업위험평가-부동산신탁

[NICE 신용평가] 2016 산업위험평가-비철금속

[NICE 신용평가] 2016 산업위험평가-생명보험

[NICE 신용평가] 2016 산업위험평가-석유화학

[NICE 신용평가] 2016 산업위험평가-소매유통

[NICE 신용평가] 2016 산업위험평가-손해보험

[NICE 신용평가] 2016 산업위험평가-시멘트

[NICE 신용평가] 2016 산업위험평가 여신전문금융

[NICE 신용평가] 2016 산업위험평가-육상운송

[NICE 신용평가] 2016 산업위험평가-은행

[NICE 신용평가] 2016 산업위험평가-음식료(곡물가공)

[NICE 신용평가] 2016 산업위험평가-음식료(식품가공)

[NICE 신용평가] 2016 산업위험평가-의류

[NICE 신용평가] 2016 산업위험평가-자동차

[NICE 신용평가] 2016 산업위험평가-자동차부품

[NICE 신용평가] 2016 산업위험평가-저축은행

[NICE 신용평가] 2016 산업 위험평가-전력

[NICE 신용평가] 2016 산업위험평가-전선

[NICE 신용평가] 2016 산업위험평가-정유

[NICE 신용평가] 2016 산업위험평가-제지

[NICE 신용평가] 2016 산업위험평가-제약

[NICE 신용평가] 2016 산업위험평가-조선

[NICE 신용평가] 2016 산업위험평가-종합건설

[NICE 신용평가] 2016 산업 위험평가-주류

[NICE 신용평가] 2016 산업위험평가-주택건설

[NICE 신용평가] 2016 산업위험평가-증권

[NICE 신용평가] 2016 산업위험평가-철강

[NICE 신용평가] 2016 산업위험평가-타이어

[NICE 신용평가] 2016 산업위험평가-통신서비스

[NICE 신용평가] 2016 산업위험평가-화학섬유

[NICE 신용평가] 2016 산업 위험평가-항공운송

[NICE 신용평가] 2016 산업위험평가-해상운송

[NICE 신용평가] 2016 산업위험평가-해외건설

[NICE 신용평가] 2016 산업위험평가-호텔

[Korea Investors Service] IFRS4-2 단계도입, 생명보험사 신용도에 미칠 영향

은?(2015. 11.)

[국회예산정책처 경제분석실] 주택 가격변화가 금융안정성에 미치는 영향(2016. 11. 28.)

[부동산학연구] 제17집 제2회 서울시 다가구주택·오피스텔 임차인의 주거 선호 비교분석(조준우·최창규)

[한국금융연구원·서울대금융경제연구원] 전세자금대출의 현황과 부실가능성(김영식·장민·최성호)

[한국소비자원] 외국의 징벌적 손해배상 법제 및 사례연구(2014. 11., 박희주)

[한국증권연구원] 부실기업 구조조정 시장분석 및 제도 개선 방안(2008. 12.)

[전국경제인연합회 경제본부] 한국 경제 위기 전망과 재벌에 대한 오해(2015. 9.)

[금융감독원] 재무건전성 규제환경 변화에 대응한 국내 보험회사 재무건전성 감독방향(2015. 10. 21.)

[OECD] OECD 한국경제보고서(2014. 6.)

[한국노동연구원] 공공부문 구조조정의 장애요인과 조직변화관리 정책연구(이성희, 2011. 9.)

[한국은행] 지역경제 보고서(2012.~2016. 12.)

[한국은행] 금융안정 보고서(2011.~2016. 12.)

[보건복지부] 가계금융·복지조사(2015)

[보건복지부] 가계금융·복지조사(2012)

[보건복지부] 가계금융·복지조사(2011)

[금융위원회 2016년 업무계획(2016. 1.)

[법무법인 세종] 신 기업구조조정 촉진법의 시행 및 전망(2016. 3. 22.)

[중소기업진흥공단] 베트남 중소기업 진출 가이드(한국외대 국제지역연구센터)

[지식경제부 · KOTRA] KOTRA 베트남 투자자문 상담 사례집(2009. 1.)

[통일연구원] 베트남 대외경제 개방 연구: 북한에 주는 함의(김성철)

[법무부] INVESTMENT & BUINESS 가이드 : 베트남1 투자 · 조세 · 세무

[산업통상자원부 · KOTRA] 베트남 투자뉴스(2016. 4. 20.)

[감사연구원] 경제동향과 이슈(2009. 4. 1.)

[기획재정부] 최신경제 월간 동향 보고서(2014. 1.~2017. 1.)

BIS(2004), Basel Committee Publication(2004)

[금융위원회 5월 2일부터 비수도권에서도 가계 여신(주택담보대출)심사 선진화를 위한 가이드라인

[한국경영교육학회] 경영교육연구 금융 기관 자료를 이용한 스트레스 테스트 실증 연구(김정욱 · 강경택 · 강성수, 2011)

[한국금융연구원] 가계 부채의 미시구조 분석 및 해법(서영호 · 김영도 · 노형식 · 임진, 2012. 10.)

[한국은행 금융안정보고서] 기업 집단 부실 위험에 대한 금융 기관 스트레스 테스트(2014. 10.)

[한국개발연구원] 부동산 시장의 장기침체 가능성에 대한 스트레스 테스트(조만 · 차문중 외 8인, 2011)

기타 자료

보험사 RBC의 개념과 측정

베트남 투자시 10가지 유의사항

IFRS4와 솔벤시2 주요내용 비교

IFRS4-2 국내보험회사 지급 여력 제도에 대한 변화

아세안TOP3 VIM을 가다 - 베트남

2014년 한국기업의 베트남 투자현황 및 베트남 FDI

베트남 경제동향 및 건설시장 현황

국민계정으로 본 자산 및 순자산 현황 시계열 추이

.

용어 설명

2007년 리먼 인수사태

조선일보 등은 리먼 인수를 강력히 주장하다 나중에는 발을 빼고 리먼의 파산 가능성 및 잠재적인 리스크를 직시할 것을 주장하기도 했다. 한편 산업은행 총재는 2008년 6월 취임한 민유성이었는데, 그는 산업은행 총재로 취임하기 직전까지 리먼 브라더스 서울사무소 소장이었다. 특히 리먼 브라더스의 인수를 추진하는 과정에서 산업은행 총재인 민유성이 리먼 브라더스의 스톡 옵션을 가지고 있었다. 즉, 리먼을 인수하면 국책 은행이 모두 파산했을 것이다. 한국 원화 환율로 환산하면 무려 700조 원 상당의 파산이었다. 2008년 당시 국가 예산은 250조 원이었다.

BIS 기준 자본비율

총자본비율은 BIS 기준 총자본금액을 위험가중자산으로 나눈 비율로 금융 기관이 보유한 리스크를 자기자금으로 흡수할 수 있는 능력을 평가하는 자본 적정성 지표.

Dependency 비율

각 업권(은행) 단위로 거래 규모가 가장 큰 업권(은행)과의 거래 비중을 평균(Dependency Ratio)한 값으로, 단일 거래 상대방에 대한 의존도를 의미.

D-SIB

시스템적 중요 은행(은행 지주 회사)을 말함. 시스템적 중요도 등을 감안하여 금융위원회에서 매년 D-SIB를 선정하여 추가자본 적립의 근거를 마련한다. ㈜하나금융지주, 한국산업은행, ㈜신한금융지주, ㈜KB금융지주, ㈜우리은행, 농협금융지주㈜, 중소기업 은행 등 5대 은행이 선정되었다. 2015년 9월 말 평균 BIS 자기자본비율(은행 13.99%, 은행 지주 회사 13.68%)은 최저 적립 기준(10.5%, D-SIB의 경우 11.5%)을 상회하고 있어 현 단계에서 D-SIB 추가자본 적립을 위한 실질적인 부담은 아직까지 없다.

FSB(Financial Stability Board, 금융안정위원회)

FSB는 OECD 25개국 정부의 54인의 대표체제이며, 모든 의결 사항은 BIS, IMF, OECD, 세계은행 등 4개 국제금융기구의 6인의 대표, 바젤위원회, CGFS(Committee on the Global Financial System), CPMI(Committee on Payments and MarketInfrastructures), IAIS, IASB, IOSCO 등 6개 국제 조직의 9인 대표가 참여하는 총회에서 결정한다. 이러한 합의는 결국 국제적인 평가로 마무리되며, 국제 금융 시장의 평판과 평가로 리스트화된다.

FSB는 '08년 금융 위기 대응 차원에서 '09년 4월 설립된 글로벌 금융 규제 협의체로, G20의 요청에 따라 글로벌 금융 시스템의 안정성을 제고하기 위한 금융 규제 국제 기준 및 권고안을 개발하였다. 24개국+EU의 중앙은행·금융당국 및 국제기구(BCBS, IOSCO, IAIS, IMF, WB 등)가 회원기관으로 참여하고 있다(한국의 경우 금융위원회와 한국은 행이 참여).

IBNR

보험사고가 이미 발생(IBNR: Incurred But Not Reported)하였으나, 아직 보험회사에 청구되지 아니한 사고에 대해 향후 지급될 보험금을 추정하여 지급 준비금으로 계상한 금액.

ICS

보험사자본 기준으로 대상 보험사는 모든 부채와 자신에 대해 시가 평가를 해야 한다. 3개국 이상 영업, 해외 수입 보험료 비중 10% 이상, 자산 50조 원 혹은 수입 보험료 10조 원을 보유한 대형 보험사를 대상으로 한다. 즉, 해외 진출이 예정된 대형 보험사에 대한 추가적인 자본의 건전성을 목표로 연결 재무제표에 대한 추가적인 분담 금액을 쌓아 놓도록 규제하고 있다. 즉, 자산 운용 방식에 대한 건전성 규제로 보는 것이 타당하다.

IFRS4 2단계 기준
보험 계약에 대한 2단계 국제 회계 기준으로 보험 부채 시가 평가를
주요 내용으로 함.

N-B SRS(Network-BasedSystemic Risk Scoring) DebtRank
특정 은행의 도산 확률이 여타 은행과의 상호 거래 익스포저를 통해
확대되어 나타나는 리스크 총량으로써 거래 관계에 있는 두 은행의
부도 확률과 상호 거래 규모를 곱한 값을 모든 거래조합에 대해 산출
후 합산한 값의 제곱근으로 정의(Das, 2015). 특정 업권(은행)의 도산
에 따른 충격이 거래 상대방에게 상호 거래 익스포저를 통해 순차적
으로 확산되어 나타나는 손실 합계가 전체 금융(은행)권 내 운용자산
에서 차지하는 비중을 업권(은행)별로 계산하고 이를 단순 평균한 값
(Battistonet al., 2012).

RBC 제도
보험사에 적용되는 자기자본규제제도. 보험회사가 예상하지 못한
손실이 발생해 보험 계약자에 대한 보험금 지급 의무를 이행할 수 있
도록 책임 준비금 외에 추가로 순자산을 보유하도록 하는 제도.

RTI

부동산 임대업 여신 심사 시 임대업 이자상환비율(Rent to Interest)을 산출하여 해당 대출의 적정성 여부를 심사하는 것을 말한다. 계산 방식은 다음과 같다.

RTI=연간 임대 소득÷해당 임대업 대출의 연간 이자비용+해당 임대 건물 기존 대출의 연간 이자비용

Solvency II

EU에서 도입을 추진 중인 위험 기준 지급여력제도로, 자산·부채에 대한 시가평가, 신뢰수준 99.5%의 요구자본 산출 등을 주요 내용으로 함.

가계신용

처분 가능 소득. 개인의 연간 소득 중 제세공과금 등 비소비지출을 공제하고 여기에 이전 소득(사회보장금, 연금)을 보탠 것으로 개인이 소비 및 저축으로 처분할 수 있는 소득.

결제 리스크

자금 또는 증권 결제 시스템에서 결제가 예정대로 이루어지지 않을 리스크를 지칭하는 데 사용되는 일반적인 용어로 신용 및 유동성 리스크를 포함함.

고정이하여신비율

무수익여신 산정 대상 여신을 자산건전성 분류 기준에 따라 고정, 회수 의문 및 추정 손실 여신의 합계액을 총여신으로 나눈 비율로 은행의 부실 여신 보유 수준을 나타내는 자산 건전성 지표.

공실률

무수익여신 산정 대상 여신을 자산건전성 분류 기준에 따라 분류한 고정, 회수 의문 및 추정 손실 여신의 합계액을 총여신으로 나눈 비율로 은행의 부실여신 보유 수준을 나타내는 자산 건전성 지표.
임대계약이 체결되지 않았거나 분양 등의 방법으로도 이용되지 않는 오피스 및 매장용 빌딩의 빈 공간을 의미하며 공실면적의 합을 총 연면적으로 나누어 산출.

공정가치 측정 금융 자산(financial assets measured at fairvalue)

재무제표에서 공정가치로 측정되는 금융 자산으로서, 경제적 실질을 잘 나타낼 수 있어 투자자의 의사결정에 유용한 정보

구조적 이익률

이자이익, 수수료이익, 신탁이익 합계에서 운영경비를 차감한 금액을 실질총자산(평잔기준)으로 나눈 비율로 은행의 지속가능한 이익 창

출 능력을 나타내는 지표.

금리리스크

금리가 금융회사의 재무 상태에 불리하게 변동할 때 발생하는 리스크. 금리 변동에 의한 순자산 가치 하락 예상 금액과 보험 계약 적립 이율 및 시장 금리 차이로 인한 1년간 예상 손실의 합계.

금융 시장 인프라

금융 시장에서 청산, 결제, 정보저장 등의 기능을 수행하는 인프라를 통칭하며 시스템적으로 중요한 자금결제 시스템, 중앙예탁기관, 중앙청산소, 증권결제 시스템, 거래정보저장소 등을 포괄함.

금융안정지수

금융 안정 상황을 나타내는 금융 및 실물 6개 부문(은행, 금융 시장, 대외, 실물경제, 가계, 기업)의 20개월별 지표를 표준화하여 산출한 지수. 동 지수는 0(안정)에서 100(불안정) 사이의 값을 가지며 금융 안정 상황을 정상, 주의, 위기 단계로 구분하며 주의 단계는 대내외 충격이 영향을 미치고 있으나 심각하지 않은 경우를 위기 단계는 대내외 충격이 우리나라에 심각한 영향을 미치는 경우를 나타냄.

기본자본

보통주자본에 영구적 성격의 자본증권 발행 관련 자본금 등을 포함.

기업신용

기업이 대출이나 회사채 발행 등을 통해 조달한 자금을 의미하며 자금순환표 기준 비금융법인(공기업 포함) 대출금, 정부융자 및 채권(회사채 등)합으로 정의.

단일 거래상대방의존율(Dependency Rattio)

각 업권(은행) 단위로 거래 규모가 가장 큰 업권(은행)과의 거래 비중을 산출한 후 가중평균한 값으로, 단일 거래 상대방에 대한 의존도를 의미.

대손충당금적립비율

총여신에 대한 대손충당금, 지급보증충당금 및 채권평가충당금 잔액을 합계한 금액을, 무수익여신 산정 대상 여신 중 고정, 회수의문, 추정 손실로 분류된 여신의 합계액으로 나눈 비율로 예상 손실에 대한 흡수력을 나타내는 지표.

대체투자(alternative Investment)

전통적 투자 대상인 주식 및 채권과 대비되는 투자 대상으로서 벤처캐피탈, 헤지펀드, 부동산, 원자재, 실물 자산 등을 포함하며, 높은 기대수익률이라는 장점과 유동성이 낮고 가치평가가 어렵다는 단점을 보유함.

레버리지비율

총 익스포저(명목가액) 대비 기본자본비율로 과도한 레버리지를 억제하고 리스크에 기반한 자본규제를 보완하기 위하여 도입.

메자닌 채권(mezzanine Bond)

전환사채(CB), 신주인수권부사채(BW), 교환사채(EB) 등 주식의 특성을 지닌 채권으로서, 발행자는 통상적인 채권보다 낮은 이자율로 자금 조달이 가능하며, 투자자는 향후 주가 상승에 따른 이익을 누리는 것이 가능함.

바젤3

BCBS는 은행의 건전성 및 금융 시스템의 안정성 제고를 위해 「은행의 지배구조 원칙(Corporate Governance Principles for Banks, 이하 '바젤기준' 또는 '바젤원칙')」을 개정하였다(2015년 7월 발표).

기업 지배구조는 공공의 이익과 부합하는 범위 내에서 기업의 지속가능성을 보장하고 이해 관계자들의 이익을 보호하는 역할을 수행한다.

기업 지배구조란 회사의 이사회, 경영진, 주주, 기타 이해관계자 사이의 일군의 관계로써 회사의 목표 설정, 목표 달성 수단, 성과 모니터링에 필요한 구조를 제공하고, 권한 및 책임의 분배 및 의사결정 방식을 결정한다.

금번 기준은 이사회의 은행 감시 책임과 위험지배구조(risk governance)의 기능을 강화하는 것이다.

위험지배구조란 이사회 및 경영진이 ① 전략 및 위험 관리 방법을 결정하고, ② 전략 대비 위험 성향 및 위험 한도의 적정성을 모니터링하고, ③ 위험을 식별·측정·관리·통제하기 위한 지배구조 시스템이다.

바젤기준은 국가별로 법률 및 규제 체계 등이 다양한 점을 감안할 때 실제 적용 시에는 국가별로 조정이 필요하고, 동일 국가 내에서도 은행 규모, 업무의 복잡성, 위험 프로파일(risk profile), 영업 모델 등에 따라 은행별로 달리 적용될 수 있다는 점을 강조, 특정 시점에서 평가한 기업의 위험 익스포저(risk exposures) 바젤 기준은 중요 은행의 경우에는 국내외 금융 시스템의 안정성에 미치는 잠재적 충격에 상응한 수준의 지배구조 체계와 관행을 구축해야 한다는 점을 강조하고 있다.

바젤은행감독위원회(BCBS)

바젤은행감독위원회(BCBS, Basel Committee on Banking Supervision)는 1974년 독일의 헤르슈타트은행의 파산을 계기로 국제 금융 시장이 불안해지자 주요 10개국의 중앙은행 총재들이 국가별로 서로 다른 은행 감독 기준에 대한 국제적인 공조를 강화하기 위해 설립한 기관이다.

2008년 글로벌 금융 위기 당시 세계적으로 많은 은행들이 부실화되고 세계 경제의 급속한 침체기를 겪으면서 이를 정상화시키기 위해 각국 정부는 엄청난 공적자금을 투입하였다. 이후 G20(주요 20개국)에서 은행의 건전성 강화를 촉구하면서 BCBS에서 구체적인 방안을 마련하였다.

아르헨티나, 호주, 벨기에, 브라질, 캐나다, 중국, 프랑스, 독일, 홍콩, 인도, 인도네시아, 이탈리아, 일본, 한국, 룩셈부르크, 멕시코, 네덜란드, 러시아, 사우디아라비아, 남아공, 스페인, 스위스, 터키, 영국 및 미국의 은행감독기구 및 중앙은행의 고위급 대표로 구성되어 있으며, 통상 회의는 상설사무국이 소재한 스위스 바젤의 국제결제은행(The Bank for International Settlements, BIS)에서 개최하고 있다. 신 협약의 정식 명칭은 'International Convergence of Capital Measure-ment and Capital Standards: a Revised Framework'이다.

베일인(Bail in, 채권자 손실부담 제도)

베일아웃의 반대말로, 금융 기관이나 기업이 위기에 놓였을 경우 고객의 예금이나 채무자의 채권 등으로 손실을 책임지게 하는 채권자 손실부담제도다. 한마디로 공적자금 등 별도의 구제 금융 조달 없이 스스로 해결하라는 뜻이다. 실제로 키프로스라는 나라에선 베일인 10%를 적용했으며, 그리스도 30%의 베일인을 추진할 것으로 알려졌다. 만약 30%라면 1억 원을 예금했는데, 은행이 파산할 경우 7,000만 원밖에 찾지 못한다는 것이다. 이 때문에 우리나라도 베일인이 도입되면 고객이 10~30% 정도는 손해를 볼 것으로 우려된다. 현재 우리나라는 G20의 권고에 따라 회생정리계획(RRP)을 따를 예정인데, 여기서 베일인 제도가 핵심 사항이다. 이제 은행에 맡겨놓은 돈이 더 이상 안전하지 않을 것만 같다.

변액보험 보증준비금

보험회사가 보증리스크 관리를 위해 보험금 지급을 위한 계약자 적립금과 별도로 적립하는 준비금.

보통주자본

은행 청산 시를 제외하고는 상환되지 않는 자본으로 자본금, 이익잉여금 등으로 구성.

보험금 지급준비금

매 회계연도 말 현재 보험금 등의 지급 사유가 발생한 계약에 대하여 지급하여야 하거나 지급하여야 할 것으로 추정되는 금액 중 아직 지급하지 아니한 금액.

보험 부채 듀레이션

보험 계약에서 발생하는 현금 흐름(보험료, 보험금·환급금·배당금 등)의 가중 평균 만기로, 이자율 변화에 대한 보험 부채 가치의 민감도를 의미.

상각 후 원가(amortized costs)

금융 자산의 장부 금액에 유효 이자율을 적용하여 조정한 금액. 유효 이자율 금융 자산의 발행 금액을 그 자산의 만기 상환 금액과 매기 지급하는 이자 지급 총액의 현재 가치로 일치시켜 주는 이자율.

상각 후 원가 측정 금융 자산(financial assets amortized costs)

기업이 특정일에 원금과 이자를 받을 목적으로 보유하는 금융 자산으로, 금융 자산을 최초에 취득한 이후에 상각 후 원가로 측정되는 금융 자산.

상호 연계 규모

자금순환통계의 금융 자산 및 부채 잔액표와 은행별 현금 및 예금 명세서, 차입금 명세서, 유가증권 보유 명세서 등의 주요 조사표를 바탕으로 19개 개별 은행, 34개 금융업권 및 9개 기타 부문과 48개 금융 상품별로 세분화하여 추정한 금융 기관 간 상호 연계 규모.

순안정자금조달비율(NSFR)

자산 항목 중 향후 1년 이내 현금화가 어려워 안정적 자금 조달이 요구되는 금액(안정자금조달필요금액) 대비 부채 및 자본 항목 중 향후 1년 이내 이탈 가능성이 낮은 안정적 자금조달금액(안정자금가용금액)의 비율로 은행 자금 조달 구조의 안정성을 제고하기 위해 도입.

순이자마진(NIM)

이자자산순수익(이자수익자산 운용수익-이자비용부채 조달비용)을 이자수익자산의 평잔으로 나누어 계산하는 핵심 수익성 지표.

스트레스 DTI(총부채상환비율)

RTI 계산식(매년 갚아야 하는 대출 원리금이 연간 소득에서 차지하는 비율)에서 실제 금리 대신 스트레스금리를 적용해 산출한 비율.
은행은 스트레스 DTI가 80%를 초과할 때 고정금리로만 대출하거나 대출 한도를 낮춰 돈을 빌려줘야 한다. 단, 집단 대출은 예외다.

스트레스 금리(Stress rate)

변동 금리는 금리가 오를 때 상환 부담이 갑자기 커지는 위험을 안고 있다. 장래 금리 인상폭을 예상해 현재 금리에 얹어 대출 한도를 정하면 이런 충격을 완화할 수 있다. 장래 금리 인상 폭 예상치를 스트레스 금리라고 한다. 매해 11월을 기준으로 최근 5년간 한국은행의 가계 대출 신규 취급 가중 평균 금리 중 최고치에서 11월 평균 금리를 뺀 수치가 적용된다. 지난 5년 동안 가계 대출 평균 금리 최고치가 6%인데 11월 평균 금리가 5%라면 스트레스 금리는 1%가 된다. 현재 금리가 4.5%라면 스트레스 금리 1% 포인트를 얹어 5.5%를 기준으로 대출 한도를 산출한다.

시장 리스크

시장 가격(주가, 이자율, 환율 등)의 변동에 따른 자산 가치 변화로 손실이 발생할 리스크.

신용 레버리지

바젤은행감독위원회(BCBS) 국제결제은행(BIS) 산하의 위원회. 은행의 건전성 규제에 대한 글로벌 기준을 설정하는 역할 등을 수행하고 있음. 현재 EU를 포함한 28개 국가의 중앙은행 및 금융감독기관이 회원으로 가입하였으며, 우리나라에서는 한국은행과 금융감독원이 참여하고 있음.

신용 리스크

거래 상대방의 경영 악화, 계약 불이행, 채무 불이행 등으로 발생할 수 있는 위험액 중 예상손실(Expected Loss)을 초과하는 위험액. 예상손실에 대해서는 대손충당금 및 대손준비금으로 적립.

여신심사 가이드라인

가계 부채 리스크를 최소화하기 위해 금융 기관이 주택담보대출 취급 시 ① 객관적인 소득증빙자료를 통한 차주의 상환 능력 평가, ② 신규 주택 구입 자금, 고부담 대출 등은 비거치식 분할 상환 유도, ③ 변동금리 주택담보대출의 경우 금리 상승 가능성을 고려한 대출 한도 산정 등을 규정한 제도.

역모기지론

고령자가 보유 주택을 담보로 노후생활에 필요한 자금을 금융 기관으로부터 연금 형태로 받는 제도.

외화 LCR

외화 순현금유출액 대비 고유동성 외화자산비율로 은행들이 30일 동안의 급격한 외화자금 유출에 대비하여 자체적으로 대응할 수 있는 능력을 나타냄.

우량물

신용평가사들에 의해 평가된 신용등급이 AA- 이상인 회사채.

운영 리스크

부적절한 내부 절차 · 인력 · 시스템, 외부 사건 등으로 인하여 손실이 발생할 위험액.

위험 기준 자기자본

지급여력금액(자본금, 잉여금 등 가용자본)을 지급여력기준금액(보험회사의 비율(RBC비율)에 내재된 위험액의 규모를 측정하여 산출된 요구자본으로 나눈 비율로 보험회사의 자본적정성을 측정하는 지표.

유동성커버리지비율(LCR) 영업적 예금

청산, 보호예수, 현금관리 등 특정 영업활동을 목적으로 도매 고객이 은행에 예치한 예금.

·

유효이자율

금융 자산의 발행금액을 그 자산의 만기상환금액과 매기 지급하는 이자지급 총액의 현재가치로 일치시켜 주는 이자율.

자본 버퍼(capital buffer)

완충자본. 위기 기간 동안 은행이 손실을 흡수하거나 신용 공급 기능을 수행하는 역할.

장수 리스크

의료기술의 발달 등에 따른 사망률 개선 효과로 연금지급액이 예상보다 많아지게 되는 경우의 손실위험액.

저축성보험

보험금의 합계액이 이미 납입한 보험료를 초과하는 보험으로, 보장성보험에 비해 보험료는 높으나 만기에 이자수익이 발생.

전세수급지수

부동산 공인중개사 등을 대상으로 전세 공급이 부족한 정도를 조사하여 이를 수치화한 지표. 동 지수가 100일 경우 전세 수요와 전세 공급이 균형을 이룬 것을 의미하며, 100보다 클수록 공급 부족 비중이 높아지고 100보다 작을수록 수요 부족 비중이 많아짐을 나타냄. 전세자금대출 임대차 계약 시 약정한 전세보증금 납부를 위해 임차인이 금융 기관을 통해 실행하는 가계 대출의 한 종류로, 재원에 따라 국민주택기금재원대출과 은행재원대출로 구분됨. 전자는 서민 주거 대상의 버팀목전세자금대출, 후자는 보증기관(한국주택금융공사, SGI서울보증 등)에서 제공하는 보증서담보 대출을 통해 주로 실행됨. 이 지수는 전세 가격과 매매 가격의 비율로 지역별 전세 가격과 매매 가격을 바탕으로 산출된 지수(평균 가격 또는 중위가격비율 기준)이며, 매매시장 및 전세 시장의 수급 상황에 따른 상대적인 가격 변화를 나타냄.

제공공정가치(fair value)

거래가 활성화된 시장에서 형성되어 공시되는 가격임. 상장된 주식의 경우 한국거래소에서 거래되는 주식 가격을 의미하고, 채권은 증권시장에서 거래되는 시장 가격.

주가순자산비율(PBR)

주가를 주당 순자산으로 나눈 값으로 기업의 순자산 측면에서 주가를 평가하기 위한 지표.

책임준비금

보험회사가 보험 계약자에게 보험금, 환급금 등 약정 사항의 이행을 위해 적립하는 부채로서, 보험료적립금, 미경과보험료적립금, 지급준비금 등으로 구성

책임준비금 적정성 평가제도

현행 책임준비금이 보험 계약의 미래 현금 흐름에 대한 현행 추정치를 적용하여 계산한 책임준비금보다 부족한 경우, 그 부족액을 추가로 적립하는 제도.

처분가능소득

개인의 연간 소득 중 제세공과금 등 비소비지출을 공제하고 여기에 이전소득(사회보장금, 연금)을 보탠 것으로 개인이 소비 및 저축으로 처분할 수 있는 소득.

총부채원리금상환비율(DSR)

가계 대출 보유자의 모든 가계 대출 원리금상환액을 연간 소득으로 나눈 값(Debt Service Ratio, 백분율로 표시)을 말하며 정부·감독 당국은 2018년 10월 말부터 은행권 여신관리지표로 DSR 규제를 도입하였다.

총 자본

기본 자본에 청산 시 은행의 손실을 보전할 수 있는 후순위 채권 등을 포함.

추계인구

통계청이 인구 주택 총 조사 결과를 바탕으로 출생, 사망, 인구 이동 등 인구 변동 요인의 미래 추이를 시나리오별로 가정하여 전망한 장래의 인구 규모.

기타 참고 자료 ────────────────

경제연구원들

KIF 한국금융연구원(www.kif.re.kr)

현대경제연구원-VIP보고서(www.keri.org)

금융경제연구소(www.fei.or.kr)

LG경제연구원(www.lgeri.com)

한국경제연구원(www.keri.org)

KDI 한국개발연구원(www.kdi.re.kr)

KB경영연구소(www.kbfg.com/kbresearch/main.do)

KCMI 자본시장연구원(www.kcmi.re.kr)

노무라 한국 연구소(www.nri.co.jp)

서울연구원(www.si.re.kr)

경기연구원(www.gri.re.kr)

여의도연구원 홈페이지(www.ydi.or.kr)

국제금융센터(www.kcif.or.kr)

한국은행(www.bok.or.kr)

기획재정부 국가경쟁력 통계(http://www.mosf.go.kr)

서울대학교 경제연구소(ier.snu.ac.kr)

산업연구원(www.kiet.re.kr)

중소기업청(www.smba.go.kr)

자본시장연구원(www.kcmi.re.kr)

한국조세연구원(www.kipf.re.kr)

한국산업개발 연구원(www.kid.re.kr)

하나금융경영 연구소(www.hanaif.re.kr)

보험개발원(www.kidi.or.kr)

국토연구원(www.krihs.re.kr)

경제개혁연대(www.ser.or.kr)

KT 경제경영연구소(www.digieco.co.kr)

국가경영전략연구원(www.nsi.or.kr)

한국수출입은행 해외경제연구소(keri.koreaexim.go.kr)

IBK 경제연구소(research.ibk.co.kr)

아산정책 연구원(www.asaninst.org)

한국노동사회 연구소(www.klsi.org)

민노총 정책연구원(www.nodong.org)

시민환경 연구소(ecoinstitute.re.kr)

한국감정원(www.kab.co.kr)

UPIS 도시계획정보(upis.go.kr)

중소기업진흥공단(hp.sbc.or.kr)

KDI 한국개발연구원(www.kdi.re.kr)

KDI 경제정보센터(eiec.kdi.re.kr)

정부 관련 정보

한국은행(http://www.bok.or.kr)

금융안정보고서(http://www.bok.or.kr/broadcast.action?menuNavild=2569)

정책브리핑 대한민국국회 국회예산정책처(www.nabo.go.kr)

북한정보포털(nkinfo.unikorea.go.kr)

통계청(kostat.go.kr)

KTV 국민방송(www.ktv.go.kr)

경제혁신포털(www.economy.go.kr)

금융위원회(www.fsc.go.kr)

국토교통부(www.molit.go.kr)

산업통상자원부(www.motie.go.kr)

고용노동부(www.moel.go.kr)

국가통계포털 KOSIS(kosis.kr)

해외 관련

CSF 중국전문가포럼(csf.kiep.go.kr)

KIEP 대외경제정책연구원(www.kiep.go.kr)

신흥지역정보 종합지식포탈(EMERiCs)(www.emerics.org)

한중무역투자정보만(koreachina.mke.go.kr)

한국무역협회 무역 아카데미(www.tradecampus.com)

한국무역협회 일자리 지원센터(www.kita.net)

정상외교 경제활용 포털(president.globalwindow.org)

무역 연구보고서 센터(http://iit.kita.net/newtri2/report/iitandtrade_list.jsp)

주택 및 임대 주택 관련

LH청약센터 행복을 나누는 전월세지원센터(apply.lh.or.kr)

온비드(www.onbid.co.kr)

한국감정원(www.kab.co.kr)

국제금융센터(www.kcif.or.kr)

NICE신용평가(www.niceinfo.co.kr)

조세일보(www.joseilbo.com)

바젤3 모멘트
BASEL Ⅲ MOMENT

ⓒ 박홍기, 2020

개정판 1쇄 발행 2020년 8월 28일

지은이	박홍기
펴낸이	이기봉
편집	좋은땅 편집팀
펴낸곳	도서출판 좋은땅
주소	서울 마포구 성지길 25 보광빌딩 2층
전화	02)374-8616~7
팩스	02)374-8614
이메일	gworldbook@naver.com
홈페이지	www.g-world.co.kr

ISBN   979-11-6536-676-6 (03320)

• 가격은 뒤표지에 있습니다.
• 이 책은 저작권법에 의하여 보호를 받는 저작물이므로 무단 전재와 복제를 금합니다.
• 파본은 구입하신 서점에서 교환해 드립니다.

이 도서의 국립중앙도서관 출판예정도서목록(CIP)은 서지정보유통지원시스템 홈페이지(http://seoji.nl.go.kr)와 국가
자료공동목록시스템(http://www.nl.go.kr/kolisnet)에서 이용하실 수 있습니다. (CIP제어번호: CIP2020032866)